rowohlts monographien

HERAUSGEGEBEN

VON

KURT KUSENBERG

PETER I. TSCHAIKOWSKY

IN

SELBSTZEUGNISSEN

UND

BILDDOKUMENTEN

DARGESTELLT

VON

EVERETT HELM

ROWOHLT

Dieser Band wurde eigens für «rowohlts monographien» geschrieben
Den Anhang besorgte der Autor
Herausgeber: Kurt Kusenberg · Redaktion: Beate Möhring
Umschlagentwurf: Werner Rebhuhn
Vorderseite: Peter Tschaikowsky
(Archiv für Kunst und Geschichte, Berlin)
Rückseite: Tschaikowskys Arbeitszimmer in Moskau
(Archiv für Kunst und Geschichte, Berlin)

1.–13. Tausend August 1976
14.–18. Tausend August 1977

Veröffentlicht im Rowohlt Taschenbuch Verlag GmbH,
Reinbek bei Hamburg, August 1976

Satz Aldus (Linotron 505 C)
Gesamtherstellung Clausen & Bosse, Leck/Schleswig
Printed in Germany
680-ISBN 3 499 50243 7

INHALT

Peter I. Tschaikowsky, 1878

VORWORT

Wer war Peter Iljitsch Tschaikowsky, dieser eigenartige Künstler, dessen Charakter so verschieden gedeutet, dessen Musik von manchen abgelehnt, von anderen hochgeschätzt wird und in aller Welt zum ständigen Repertoire zählt? Ziel des vorliegenden Bändchens ist es, diese Frage, soweit überhaupt möglich, zu beantworten.

Dem Leser sollen dazu vor allem Dokumente vorgelegt werden, nach denen er sich selbst ein Urteil bilden kann. «Dokumente» heißt allerdings nicht bloße Fakten und Daten, die nie ein wahres Bild dieses gleichzeitig naiven und komplizierten Menschen ergeben würden. So sind die Briefe Tschaikowskys zweifellos Dokumente, auch wenn ihr Inhalt gelegentlich überspitzt ist und oft in Widerspruch steht zu seinen sonstigen Äußerungen oder Handlungsweisen. Sein Denken und Handeln wirkt eher noch widerspruchsvoller als das der meisten Künstler.

Ähnliches gilt für manche Äußerungen Modest Tschaikowskys über seinen geliebten Bruder Peter. Nicht alles, was Modest um 1900 in seiner großen Biographie schreibt, darf man für bare Münze nehmen. Darüber wird im ersten Kapitel mehr zu sagen sein. Und doch kannte Modest seinen Bruder besser als irgendein anderer Mensch auf der Welt. Wer sein Buch aufmerksam liest (was schon wegen seines Umfangs mühsam ist), wird deutlich spüren, wie ehrlich der Verfasser es meint.

Wirklich durchschauen läßt sich Peter Tschaikowsky wohl nie. Er lebte zu sehr nach innen, und dieses Innenleben war ihm selbst nicht begreiflich – und nicht ganz geheuer. Einerseits war er ein Kind seiner Zeit; andererseits standen manche seiner Eigenschaften und Anlagen im krassen Gegensatz zu den Strömungen dieser Zeit. Sein ganzes Leben bestand aus Widersprüchen und Spannungen, mit denen er nicht fertig wurde. Vielleicht hätte ihm die moderne Psychologie, vor allem aber die Psychoanalyse geholfen. Man kann sagen, daß er, der gezwungen war, sein eigener Psychiater zu sein, Heil und Rettung in der Komposition fand. In der Musik konnte er sagen, was sich nicht in Worten ausdrücken läßt; er konnte sich von dem inneren Druck so weit befreien, daß ihm das Leben erträglich wurde. Gleichzeitig verlangte der schöpferische Prozeß eine geistige Disziplin, die er im Alltag nicht aufzubringen vermochte.

Wer in das Geheimnis von Tschaikowskys Leben eindringen will, muß sich mit seinen Werken befassen, denn für Tschaikowsky war die Musik eine Sprache, deren Ausdrucksfähigkeit die des Wortes bei weitem überragt. Der Schlüssel zu seiner Musik liegt gerade in der Spannung zwischen hemmungsloser emotioneller Entladung und jener Disziplin, welcher sich ein Künstler zu unterwerfen hat, um seiner Aussage Gestalt zu verleihen.

Daß sich Tschaikowsky dieser Polarität seines musikalischen Schaffens bewußt war, geht aus seinen Briefen unzweideutig hervor, auch wenn er das Problem nie so genau formulierte. Musik als Ausdruck und Musik als Formgestaltung – das sind zwei Themen, die in seinen Briefen und Schriften immer wieder auftauchen. Einmal schreibt er: *Ob ich nun schlecht oder gut komponiere – das eine weiß ich, daß es aus einem inneren unüberwindlichen Drang geschieht. Ich spreche in dieser Sprache der Musik, weil ich stets etwas zu sagen habe.*[1*] Und in einem anderen Brief an seine Gönnerin Nadeshda von Meck heißt es: *So kann ich sagen, daß ich in meiner normalen geistigen Verfassung ständig komponiere . . .*[2] Wiederholt weist er auf die grundsätzliche Bedeutung der Inspiration hin, die für ihn ein Geheimnis bleibt. Doch weiß er genau, daß diese Inspiration nur der Anfang auf dem Wege zum Kunstwerk ist: *Was im ersten Feuereifer entworfen wurde, muß nachher kritisch beurteilt, verbessert, ergänzt und vor allem gekürzt werden, wie es die Form verlangt. Zuweilen muß man sich Gewalt antun, unbarmherzig und grausam gegen sich selbst sein und Partien kürzen, die mit Liebe und Begeisterung komponiert wurden. Über Mangel an Phantasie und Erfindungsgabe kann ich mich nicht beklagen, doch hat es mir oft an der letzten Beherrschung der Form gefehlt, und nur durch eisernen Fleiß gelang es mir, allmählich zu erreichen, daß die Form meiner Werke dem Inhalt entspricht.*[3]

Tschaikowskys übersensibles, leicht erregbares Naturell hat ihm zeit seines Lebens zu schaffen gemacht. Er selbst erkannte, daß seine schlechte Gesundheit oft seelischen Ursprungs war. So schreibt er 1876: *Einerseits bin ich zweifellos krank, weniger physisch als psychisch.*[4] Er ist immer als Neurastheniker angesehen worden, nicht zuletzt von seinem Bruder Modest. Inwieweit Tschaikowskys homosexuelle Neigungen zu seinen häufigen Nervenkrisen und Zusammenbrüchen beigetragen haben, ist schwer zu beurteilen, denn damals wurde über dergleichen nicht offen geschrieben. Nur einige Stellen in Modests Biographie und andere, noch unmißverständlichere, in einem der Tagebücher des Komponisten selber, deuten dieses Problem an, das für Tschaikowsky gewiß schwerwiegend war. In der damaligen Gesellschaft, besonders in den Kreisen, in welchen er verkehrte, galt Homophilie als Schande, die man unter allen Umständen verbergen mußte. Zu welchen Zugeständnissen er bereit war, um ein «normales» Leben zu führen, zeigt sein Versuch, eine Ehe zu führen, der ihn an den Rand des Wahnsinns brachte und ihn fast das Leben kostete.

Die Depression, in die er dadurch geriet, ist verständlich, doch hatte Tschaikowsky bereits seit seiner Kindheit ähnliche Krisen, deren Ursachen wir nicht kennen. Wiederholt beklagt er sich darüber. So in einem

---

* Die hochgestellten Ziffern verweisen auf die Anmerkungen S. 130f.

Brief vom 9. Januar 1875 an seinen Bruder Anatol: *Ich fühle mich hier sehr verlassen, und wenn die Arbeit nicht wäre, so würde ich ganz der Melancholie verfallen. In meinem Charakter liegt so viel Furcht vor Menschen, so viel unnötige Bescheidenheit, so viel Mißtrauen, kurz, eine Menge Eigenschaften, die mich immer mehr menschenscheu machen. Denke Dir: Ich ziehe oft das Klosterleben oder dergl. in Erwägung.*[5]

Mit dem Gefühl der Einsamkeit verband sich eine unnatürliche Menschenscheu, gegen die Tschaikowsky dauernd anzukämpfen hatte. 1879, als er 39 Jahre alt war, schreibt er: *Mein ganzes Leben lang habe ich unter dem Zwang gesellschaftlicher Verpflichtungen gelitten. Von Natur aus bin ich menschenscheu. Jede Bekanntschaft, jede Begegnung mit fremden Menschen war für mich stets die Ursache seelischer Leiden. Es fällt mir schwer zu erklären, worin diese Qualen bestehen. Vielleicht ist es die bis zur Manie gesteigerte Schüchternheit oder das mangelnde Bedürfnis nach Umgang mit Menschen; es könnte aber auch eine falsche Angst sein, sich nicht so zu zeigen, wie man ist . . .*[6]

Daß Tschaikowsky psychopathisch war und unter seinen Depressionen gelitten hat, ist nicht zu leugnen. Doch die Tatsache, daß er seine Launen und Anfälle erkannte und mit einer gewissen Ironie davon sprechen konnte, zeugt von einer inneren Kraft, die ihm bestimmt geholfen hat, über manche Krise hinwegzukommen. Diesen Eindruck erwecken die Briefe, in denen er sich manchmal gehen läßt. So an Frau von Meck am 20. Dezember 1877:

Es gibt wohl kaum ein herrlicheres Stückchen Erde, als San Remo, und doch schwöre ich Ihnen, daß weder die Palmen, noch die Orangenbäume, weder das schöne blaue Meer, noch die Berge, überhaupt nichts von all den Schönheiten den erwarteten Eindruck auf mich auszuüben vermag. Trost, Ruhe, Glückgefühl schöpfe ich nur aus mir selbst . . . Ich sehe ein, daß ich mich glücklich fühlen müßte, daß im Vergleich mit Millionen anderen Menschen, welche in der Tat unglücklich sind, ich mein Schicksal als ein wohlwollendes ansehen müßte und doch – es gibt kein Glück für mich . . . Ja, es ist lächerlich, es ist sogar etwas undelikat. Da Sie aber einmal mein bester Freund sind, teure Nadeshda Philaretowna, so sollen Sie auch Alles, Alles wissen, was in meiner merkwürdigen und kranken Seele vorgeht! Nehmen Sie mir das nicht übel. Morgen werde ich es bedauern, heute jedoch ist es mir eine Erleichterung gewesen, Ihnen etwas vorzujammern. Bitte beachten Sie das gar nicht. Wissen Sie, wie es mir an solchen Tagen, wie heute, manchmal geht? Es scheint mir plötzlich, daß mich im Grunde niemand lieb hat und auch nicht lieb haben kann, denn ich bin ein elender Mensch. Und ich habe nicht die Kraft, solche Gedanken von mir zu weisen. Nun beginne ich schon wieder zu lamentieren . . .[7]

Manche Äußerungen und Handlungen Tschaikowskys wirken naiv. Er war weder ein Philosoph noch ein tiefdenkender Mensch, wohl aber ein «tieffühlender», dem es im Laufe der Zeit gelang, seine heftigen, oft asozialen Emotionen, seine Launen und Depressionen in Schranken zu halten oder zumindest zu überspielen. Doch wäre es falsch und ungerecht, wenn man die liebenswürdigen Seiten seines Wesens als unecht betrachten würde. Die einnehmenden Eigenschaften gehörten ebenso zu seinem Charakter, obwohl sie oft durch Mißmut überschattet wurden. Wie gütig, entspannt und offenherzig er sein konnte, wenn er sich geborgen fühlte und von vertrauten und lieben Menschen umgeben war, geht aus unzähligen Quellen hervor.

Er war also keineswegs der ausgesprochene Misanthrop, als den er sich oft hinstellte, sondern eher ein Mensch, der ständig mit sich selber und mit den inneren Vorgängen beschäftigt war, die ihn bewegten und erschütterten. Diese Ich-Bezogenheit, die nichts mit kleinlichem Egoismus zu tun hat, drückte sich aus in einem heftigen Widerwillen gegen jegliche Tätigkeit, die ihm unsympathisch war, auch wenn er daraus Profit hätte ziehen können. Daß er von seinem 37. Lebensjahr an tun und lassen konnte, was er wollte, war sein Glück, auch wenn er dadurch nicht glücklich wurde. Bereits bevor Frau von Meck als seine Mäzenin in Erscheinung trat, zeigte der «labile» Tschaikowsky eine überraschende Willenskraft – nicht zuletzt darin, daß er trotz allen Hindernissen und Entbehrungen Komponist wurde. Mehr von seinem Instinkt als von seinem Intellekt geleitet, ahnte er, daß er in der Musik seine Rettung finden konnte. Daß seine Musik in hohem Grade subjektiv ist, darf also nicht verwundern. Erstaunlich ist vielmehr, daß er diese Subjektivität in Musik übersetzen und Werke schaffen konnte, die allgemeine Gültigkeit haben.

Diese Überlegungen und Zitate sollen als Hintergrund zu Tschaikowskys Leben dienen. Erst im Schlußkapitel wird das Thema Tschaikowsky und die Musik erörtert, selbst wenn es implizit den ganzen Band bestimmt. Es ist nicht Ziel dieser Betrachtungen, seine Musik an sich zu analysieren oder einzelne Werke zu interpretieren. Sie sollen vielmehr eine Einführung in das Schaffen Tschaikowskys sein. Wenn politische, gesellschaftliche und geschichtliche Umstände nur am Rande gestreift werden, bedeutet dies nicht, daß der Verfasser sie für unwesentlich hält, auch wenn sie im bewußten Denken und Handeln Tschaikowskys eine relativ geringe Rolle zu spielen scheinen.

Näher auf die Umwelt des Komponisten einzugehen kann nicht Aufgabe dieser Publikation sein. Sie summarisch abzufertigen, wäre oberflächlich und nutzlos. Selbstverständlich steht das Leben des Russen Tschaikowsky in engem Zusammenhang mit dem damaligen Rußland, das er liebte und dessen Geist er in seiner Musik vertrat.

Nach allem bisher Gesagten sollte es dem Leser möglich sein, sich aus den folgenden Seiten ein Bild des Komponisten zu machen. Einige Widersprüche und Ungereimtheiten in seinem Leben, die ihren Widerhall in seiner Musik finden, sind schon angedeutet worden. Andere werden im Laufe unseres Textes noch zur Sprache kommen. Daß man bei Tschaikowsky noch weniger als bei anderen Künstlern absolute Folgerichtigkeit erwarten darf, wurde bereits gesagt. Dennoch ergeben die Mosaiksteinchen unserer Dokumentation ein sinnvolles Charakterbild – sui generis, aber eben in seiner Art völlig verständlich. Daß manche Fragen wohl immer offen bleiben werden, trägt sicher zur Faszination durch diesen Komponisten bei.

Eine bloße Aufzählung von Tschaikowskys vielen Tätigkeiten, Bekanntschaften, größeren und kleineren Reisen und Kompositionen würde die Seiten mit Daten füllen, die dem Leser wenig nutzen, sondern eher eine gewisse Verwirrung stiften. Deshalb wurde auf die Erwähnung aller unwesentlichen Details verzichtet.

KINDHEIT

«Einer der eigenartigsten Züge in Peter Iljitsch Tschaikowskys Charakter war die Ironie, mit welcher er sich gegenüber seiner adeligen Abstammung verhielt . . . Die Ansprüche einiger Verwandten auf Aristokratismus bezweifelte und verspottete er, wenn ihn aber Jemand verdächtigte, polnischer Herkunft zu sein, so wurde er geradezu zornig. Die Liebe zu Rußland und zu allem Russischen wurzelte so tief, daß er glücklich war, in der Person eines seiner frühesten Urahnen väterlicherseits einen echten rechtgläubigen Russen aus dem Kreis Krementschug feststellen zu können.»[8]

So schreibt sein Bruder Modest Tschaikowsky, der erste Biograph des Komponisten, in seinem 1901 erschienenen Buch «Das Leben Peter Iljitsch Tschaikowskys». Da aus diesem seltsamen und doch unentbehrlichen Buch noch oft zitiert werden wird, wäre zunächst etwas über die Ehrlichkeit und Zuverlässigkeit des Verfassers, über manche Lücken und Verdrehungen sowie über den Stil seines Buches zu sagen.

Seinem zehn Jahre jüngeren Bruder Modest galt die ganze Liebe und Fürsorge Iljitschs, und ihm schenkte er später sein volles Vertrauen. Er war in Peters verwirrtes und emotionell bestimmtes Leben eingeweiht. Sicherlich wußte Modest viel mehr, als er im Jahre 1900 schreiben konnte, denn damals lebten noch viele Personen, die er aus familiären, persönlichen oder gesellschaftlichen Gründen schonen mußte. Auch konnte man um die Jahrhundertwende einfach nicht so offen und unverblümt schreiben wie heutzutage. Trotzdem ist diese Biographie eine zuverlässige Quelle, auf die sich spätere Biographen zu Recht gestützt haben. Bei aller Liebe zu seinem berühmten Bruder ist Modest Tschaikowsky sachlich, ja manchmal sogar kritisch, und ergeht sich nie in überschwenglichen Lobeshymnen oder Sentimentalitäten. Ohne literarische Prätentionen, schreibt er einen schlichten Stil, der in der einzigen deutschen Übersetzung von Paul Juon allerdings recht holprig und ungeschickt wirkt. Ich habe deshalb die Zitate aus dieser Biographie nicht wörtlich übernommen und die Orthographie der heutigen angepaßt.

Modest kann ebensowenig wie andere erklären, von wem Peter Iljitsch seine musikalische Begabung hat: «Im Register seiner Vorfahren und Verwandten stößt man auf keinen Namen, der zur musikalischen Kunst in irgendeiner Beziehung stände.»[9]

Er bezweifelt, daß von Vererbung überhaupt die Rede sein kann, und fährt fort: «Das Einzige, was sich von seinen Ahnen auf ihn vererbt hat, war eine ganz außergewöhnliche Nervosität, die sich oft in hysterischen Anfällen äußerte und sich wahrscheinlich von seinem Großvater Assier, der Epileptiker war, auf ihn übertragen hatte. Wenn es also wirklich so ist, wie einige neuere Gelehrte behaupten, nämlich, daß ‹Genie› eine gewisse psychische Anormalität sei, dann wäre es wohl möglich, daß gleichzeitig mit der Nervosität auch das musikalische Talent Tschaikowskys aus der Familie Assier auf ihn überkommen ist.»[10]

Seine Mutter, eine geborene Assier, hat sicher auf das Kind Peter Iljitsch einen starken Einfluß ausgeübt. Über sie weiß man nur wenig. Alexandra Andrejewnas Vater war halb Franzose, halb Deutscher; ihre Mutter starb sehr früh, und Alexandra wurde zehn Jahre lang in einem Internat für weibliche Waisenkinder erzogen. Sie sprach Französisch und Deutsch, hatte eine hübsche Stimme und spielte leidlich Klavier. Im Leben ihres Sohnes Peter hat sie eine ganz besondere Rolle gespielt, nicht nur in seiner Kindheit, sondern auch noch nach ihrem frühen Tod, in der Erinnerung: *Solche Hände gibt es nicht wieder und wird es auch nie geben!*[11] schreibt Tschaikowsky in seinen späteren Jahren.

Alexandra Andrejewna war Ilja Petrowitsch Tschaikowskys zweite Frau. Seine erste Frau hatte ihm eine Tochter, Zinaida, geboren, bevor sie verhältnismäßig jung starb. Zur Zeit seiner zweiten Eheschließung (1833) war Ilja Petrowitsch 38 Jahre alt. In der entlegenen Provinzstadt Wotkinsk, einem wichtigen Bergwerkszentrum des östlichen Rußland, nicht weit von der sibirischen Grenze entfernt, war er Chefinspektor der Kamsko-Wotkinsker Berg- und Metall-Werke im Range eines Oberstleutnants. Seine Stellung machte ihn zu einem angesehenen, nicht unbegüterten Mann. Außerdem war er allgemein beliebt, sowohl wegen seiner großzügigen Gastfreundschaft als auch wegen seines angeborenen Charmes. Seine Karriere war nicht gerade glänzend: Er brauchte immerhin zwanzig Jahre, um es zum Oberstleutnant zu bringen. Daß er jedoch bereits mit 30 Jahren Mitglied des wissenschaftlichen Komitees am Institut für Metallurgische Ingenieure wurde, beweist, daß er in seinem Fach ein fähiger Mann war.

Die Mutter: Alexandra Andrejewna, geb. Assier

Peter Iljitsch war der zweite Sohn aus dieser glücklichen Ehe. Sein älterer Bruder Nikolaj Iljitsch, zu dem Peter kein sehr enges Verhältnis hatte, wurde 1838, Peter selbst – nach russischer Zeitrechnung – am 25. April (5. Mai) 1840 geboren. Alexandra Iljinischna, seine einzige Schwester, kam 1842 auf die Welt. Auf sie folgten 1843 Hypolit Iljitsch und 1850 die Zwillingsbrüder Anatol und Modest.

In dem geräumigen Haus der Tschaikowskys herrschte ein reges gesellschaftliches, aber keineswegs ausgesprochen musikalisches Leben. Doch war ein Klavier vorhanden, auf dem die Gäste gelegentlich musizierten, sowie ein merkwürdiges mechanisches Instrument, das sich «Orchestrion» nannte, eine Art Schrank, der Orchesterstücke wiederzugeben vermochte; allerdings mit entstellten Klängen. Das Repertoire dieses Orchestrions war keineswegs schlecht gewählt: neben Opernnummern von Rossini, Donizetti und Bellini fand sich Mozarts «Don Giovanni». Diese kleine Auswahl scheint einen großen Einfluß auf die Geschmacksbildung des künftigen Komponisten ausgeübt zu haben, denn Tschaikowsky schätzte Mozart über alles und hatte auch für die italienische Melodik eine besondere Vorliebe. In einem 1878 an Frau von Meck gerichteten Brief schreibt er über Mozart: *Ich liebe ihn nicht nur, ich*

Der Vater: Ilja Petrowitsch Tschaikowsky

vergöttere ihn geradezu. Für mich ist der «Don Juan» die herrlichste Oper, die es gibt . . . Den «Don Juan» liebe ich so, daß ich jetzt, in diesem Augenblick, da ich darüber schreibe, vor Erregung und Rührung weinen möchte. Ich bin gar nicht imstande, ruhig darüber zu sprechen.[12]

Bereits im Alter von knapp fünf Jahren begann Peter am regelmäßigen Unterricht teilzunehmen. Für die Erziehung seines älteren Bruders Nikolaj hatte seine Mutter die junge französische Gouvernante Fanny Dürbach nach Wotkinsk geholt – eine vortreffliche Erzieherin, die ihre Aufgabe mit Begeisterung erfüllte und es verstand, mit Kindern umzugehen. Peters brennendem Verlangen, ebenfalls an den Stunden teilnehmen zu dürfen, wurde schließlich nachgegeben, und bald wurde Fanny klar, daß sie es mit einem ungewöhnlich begabten Kind zu tun hatte. Um so intensiver befaßte sie sich mit dem Jungen und bemühte sich, seiner ungewöhnlichen Empfindsamkeit gerecht zu werden.

Die vier Jahre, in denen sich Fanny Dürbach Peter widmete, waren für das Kind eine glückliche Zeit. Er lernte fließend Französisch und etwas Deutsch sprechen und schrieb sogar kurze Gedichte in französischer Sprache, die zwar nicht ganz fehlerfrei waren, aber eine rege Phantasie verrieten. Musikalisch war Fanny völlig ungebildet. Die starke Wirkung, die alle Musik auf ihren Schüler ausübte, war ihr unbegreiflich, ja sie schien ihr sogar gefährlich. Sie beobachtete, daß die ihr verschlossene Welt der Töne ihren Schützling in größte Erregung versetzen konnte, und ahnte, daß seine Launen und seine Überspanntheit damit zusammenhingen.

Als Modest 1894, kurz nach dem Tode Tschaikowskys, die zweiundsiebzigjährige Fanny in Montbéliard besuchte, erinnerte sie sich genau an jene glückliche Zeit ihres Lebens und erzählte viele interessante Einzelheiten über ihren Lieblingsschüler.

«Man hatte ihn deshalb so lieb, weil er selbst alle lieb hatte. Seine Empfänglichkeit war geradezu grenzenlos, und man mußte ihn sehr vorsichtig behandeln. Er konnte durch eine Kleinigkeit verletzt, beleidigt werden. Das war ein ‹Porzellan›-Kind. Die geringste Bemerkung, ein einziges Scheltwort (von Strafen konnte bei ihm keine Rede sein), wie es bei anderen Kindern unbeachtet zu bleiben pflegt, nahm er sich sehr zu Herzen und konnte dadurch so verstimmt werden, daß es geradezu beängstigend war.»[13]

Im Herbst 1848 wurde dem ruhigen, unproblematischen Provinzleben der Familie ein Ende gesetzt. Vater Tschaikowsky, der kurz zuvor aus dem Staatsdienst ausgeschieden war, beschloß, nach Moskau zu ziehen,

Das Geburtshaus in Wotkinsk (Ural). Gemälde von B. A. Scharski

Erstdruck der Partitur des «Don Giovanni», Leipzig 1801

wo er eine wichtige Stellung bekommen sollte. Fanny Dürbach wurde Erzieherin bei einer anderen Familie. Der Abschied von ihr führte bei Peter zu einer ersten Nervenkrise. Solchen depressiven Anfällen war er von nun an sein ganzes Leben lang ausgesetzt, und erst viel später gelang es ihm, sie einigermaßen zu meistern und zu verbergen. Häufige Depressionen und Weinkrämpfe, psychisch bedingte Leiden sind die Folgen dieser Trennung von seiner geliebten Fanny, der er hysterische Briefe schreibt. Nach seiner Ankunft in Moskau erfuhr Ilja Petrowitsch, daß man «seine» Stelle inzwischen an einen seiner Freunde vergeben hatte, dem der arglose Tschaikowsky vertraulich davon berichtet hatte. Zudem brach die Cholera aus, und die ganze Familie flüchtete nach St. Peters-

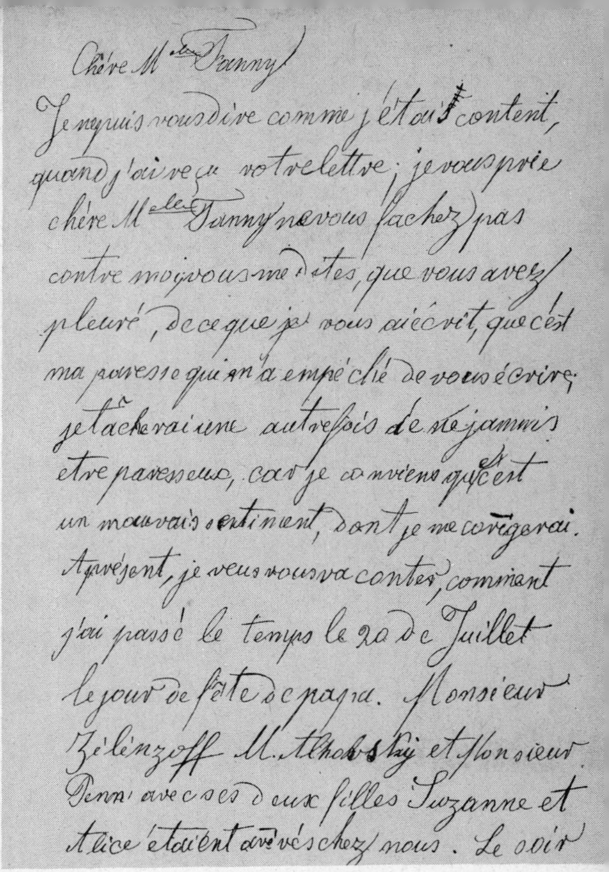
Chère Mlle Fanny
Je ne puis vous dire comme j'étais content,
quand j'ai reçu votre lettre; je vous prie
chère Mlle Fanny ne vous fâchez pas
contre moi; vous me dites, que vous avez
pleuré, de ce que je vous ai écrit, que c'est
ma paresse qui m'a empêché de vous écrire;
je tâcherai une autre fois de ne jamais
être paresseux, car je conviens que c'est
un mauvais sentiment, dont je me corrigerai.
A présent, je veux vous va conter, comment
j'ai passé le temps le 20 de Juillet
le jour de fête de papa. Monsieur
Zelenzoff M. Alkobsky et Monsieur
Penn avec ses deux filles Suzanne et
Alice étaient arrivés chez nous. Le soir

Die erste Seite eines Briefes an Fanny Dürbach, 1848

burg, wo sie sich niederließ. Alexandra Andrejewna hatten die seelische Belastung und der zweimalige Umzug so zugesetzt, daß sie ihre Kinder der älteren Stieftochter Zinaida anvertrauen mußte, einer gleichgültigen, egoistischen Person, über die niemand etwas Gutes zu berichten wußte. Zum erstenmal fühlte sich der überempfindliche achtjährige Peter nicht nur ungeliebt, sondern lästig und überflüssig. In der Schule, in die man ihn mit seinem Bruder Nikolaj schickte, wurde er noch unglücklicher. Die Übelkeitsanfälle, in denen sich sein psychischer Zustand äußerte, wurden häufiger und heftiger. Kein Wunder, denn innerhalb von vier Monaten zerbrach für ihn eine ganze Welt, die auf seiner Mutter und Fanny Dürbach aufgebaut war. Selbst für ein weniger sensibles Kind wäre ein so drastischer Wechsel schwer zu ertragen gewesen. Leider waren seine Eltern nicht imstande, zu begreifen, was in ihrem Sohn vorging. «Petja ist völlig verändert . . . er ist launisch . . . Nichts interessiert ihn . . . er ist faul, tut nichts . . . ich weiß nicht, was ich mit ihm machen soll. Ich muß oft über ihn weinen»[14], schrieb seine Mutter an Fanny Dürbach.

Im Dezember 1848 bekamen Nikolaj und Peter die Masern. Während sich Nikolaj nach kurzer Zeit erholte, blieb Peter aus unerforschlichen Gründen weiter leidend. Der Arzt wußte nichts Besseres zu verordnen als sechs Monate Ruhe, während deren das Kind überhaupt nichts tun durfte. Dies war in seinem Zustand wohl das Schlimmste, was man ihm antun konnte. Psychotherapie und Kinderpsychologie waren damals eben noch unbekannt.

Im Mai 1849 zog die Familie wieder nach Osten. Ilja Petrowitsch wurde Direktor der privaten Fabriken in Alapajew in der Provinz Perm, dicht an der sibirischen Grenze. Es war eine recht gute Stellung, und im großen Haus der Tschaikowskys herrschte wieder die gleiche gastfreundliche Atmosphäre wie in Wotkinsk. Im Sommer hatte Peter seine Krise einigermaßen überwunden. Unter den vielen Büchern, die er nun las, war auch Gogols «Weihnachtsabend», den er später als Opernstoff verwendete. Im Dezember kam eine neue Erzieherin namens Nastasja Petrowna Petrowa ins Haus, und sogleich ging es ihm besser. «Petja wird viel fügsamer, seit er seine Studien mit der neuen Erzieherin aufgenommen hat»[15], schrieb seine Mutter an Fanny Dürbach. Daß er wieder ans Klavier durfte, *was mich ungeheuer tröstet,* war für seinen Zustand noch heilsamer.

Im Mai 1850 kamen die Zwillinge Anatol und Modest auf die Welt. Der zehnjährige Peter schrieb begeistert an Fanny: *Ich habe sie schon einige Male gesehen, und jedesmal scheinen sie mir wie Engel zu sein, die auf die Erde gekommen sind.*[16]

Für ihn selbst wurde in diesem Jahr bereits entschieden, daß er Jurist werden sollte. Anfang September reiste er mit seiner Mutter nach St. Petersburg, wo er an der Schule für Jurisprudenz einen zweijährigen Vorbereitungskurs absolvieren mußte, um dann seine Studien an der Rechtsschule fortzusetzen, Studien, die er erst 1859 erfolgreich beendete.

Vergeblich sträubte sich der Zehnjährige gegen diese radikale Umstellung, die man ihm aufzwang. Die Trennung von der Mutter wurde zu einer Tragödie von traumatischen Auswirkungen. Als der Tag herankam, an dem seine Mutter von St. Petersburg abreisen sollte, gebärdete er sich immer hysterischer und war auch durch den Hinweis auf ein baldiges Wiedersehen nicht zu beruhigen. Man mußte ihn gewaltsam zurückhalten, als seine Mutter den Wagen bestieg. Plötzlich aber riß er sich los, rannte dem Wagen nach und klammerte sich verzweifelt an eines der rollenden Räder. Man braucht kein Freudianer zu sein, um die

Familie Tschaikowsky, 1848

psychologische Bedeutung dieses Kindheitserlebnisses zu ermessen – bei seinem labilen Gemütszustand und seiner starken Mutterbindung wirkte es als ein Schock, der im Unterbewußtsein als Trauma lebendig bleiben mußte. Tschaikowsky selber hat dies empfunden. In späteren Jahren sprach er von diesem Augenblick des Getrenntwerdens als einem der schrecklichsten seines Lebens.

Während der ersten zehn Lebensjahre zeigt sich bei Tschaikowsky zwar eine heiße Liebe zur Musik, doch ahnte niemand etwas von seiner außerordentlichen künstlerischen Begabung.

Beinahe alles, was wir über die frühen musikalischen Erfahrungen Tschaikowskys wissen, verdanken wir seinem Bruder Modest:

«Ein ausgezeichnetes Gehör und musikalisches Gedächtnis bewies der Knabe schon sehr früh. Nachdem ihm seine Mutter einige elementare

Der Achtjährige, 1848

Kenntnisse der Musik beigebracht hatte, konnte er schon als fünfjähriger Knabe auf dem Piano alles nachspielen, was er von dem Orchestrion gehört hatte, und zeigte überhaupt so viel Lust zum Klavierspiel, daß man ihn oft gewaltsam vom Instrument fortziehen mußte; aber auch dann setzte er auf dem ersten besten Gegenstand das Trommeln mit den Fingern fort. Eines Tages trommelte er so heftig auf einer Fensterscheibe und ließ sich durch dieses stumme Spiel derart hinreißen, daß das Glas zersprang und ihn an der Hand verwundete. Von nun an schenkten die Eltern der unüberwindlichen Neigung des Jungen größere Beachtung und beschlossen, ernstlich für seine musikalische Entwicklung zu sorgen. Sie engagierten eine Klavierlehrerin, eine gewisse Marie Markowna Paltschikow. Die musikalische Literatur kannte sie höchstwahrscheinlich nur sehr mangelhaft, denn Peter Iljitsch kann sich weder auf ihr Spiel noch auf ihr Repertoire besinnen . . .

Wir wissen bereits von Fanny, daß der Knabe in jedem freien Augenblick ans Klavier ging, und wie sie das stets zu verhindern suchte . . . Nach seiner Musikstunde oder nach längerem Improvisieren auf dem Piano war er stets verstimmt und aufgeregt.»[17]

In der kurzen Petersburger Zeit (November 1848 bis Januar 1849) erweiterte sich Peters musikalischer Horizont. Wieder zitieren wir Modest Tschaikowsky: «Peter Iljitsch erhielt jetzt regelmäßigen Musikunterricht von dem Pianisten Philipow. Nach dem in kurzer Zeit erreichten Resultat zu urteilen war dieser Lehrer sehr tüchtig und verlangte viel von seinem talentvollen Schüler. Dieses Übermaß von Arbeit ermüdete den Knaben freilich sehr, zumal noch viele künstlerische Eindrücke dazukamen, denn die Kinder wurden oft ins Theater (Oper oder Ballett) mitgenommen.»[18]

Unter den Werken, die auf den jungen Peter tiefen Eindruck machten, nahm Glinkas Oper «Ein Leben für den Zaren» (1836) den ersten Platz ein. Dieses Werk, auch unter dem Titel «Iwan Sussanin» bekannt, gilt als Meilenstein in der russischen Kultur und als Ausgangspunkt für die Entfaltung der russischen Nationalmusik. Wie Glinkas darauffolgende Oper «Ruslan und Ludmilla» (1842) hat «Ein Leben für den Zaren» noch viel mit der damals vorherrschenden italienischen Oper gemein: die klar getrennten Arien, Chöre und Orchesterepisoden und die italienisierte Melodik. Doch in Glinkas Musik künden die russischen und orientalisch-exotischen Elemente sowie die Wahl patriotischer Sujets eine neue Entwicklung an, die bis heute andauert.

Über die ebenfalls nur kurze Spanne, die Peter in Alapajewsk verbrachte, berichtet Modest:

«In der Musik hatte er unterdessen einen großen Schritt vorwärts gemacht . . . Er spielt jetzt auch schon öfter, wie er sagt, *für mich selbst, wenn ich traurig bin,* d. h. nicht nur die einstudierten Stücke, sondern das, was ihm gerade in den Kopf kommt . . .

Von dieser Zeit an beginnt er zu komponieren, obgleich dieses Komponieren eigentlich nur ein Phantasieren ist. Wie er später selbst erzählt, verfolgten ihn die Töne überall und stets, wo er auch sein oder was er auch tun mochte . . . Er wußte, daß er etwas besaß, was kein anderer Mensch aus seiner Umgebung besaß, fühlte im Grunde seines Herzens seine Überlegenheit und ärgerte sich im stillen, daß sie unbeachtet blieb und seine künstlerischen Bestrebungen niemanden interessierten.»[19]

STUDIENJAHRE

Mit dem Eintritt in die Petersburger Schule für Jurisprudenz endete Peters Kindheit. Von einer glücklichen Kindheit kann kaum die Rede sein – eher von einer getrübten, die durch einige Lichtstrahlen erhellt wurde. Gewiß, an Komfort und Wohlstand fehlte es nicht; auch herrschte im Hause Tschaikowsky eine harmonische Atmosphäre, denn seine Eltern verstanden sich gut. Er und sein Bruder Nikolaj hatten sich gern; und auch mit allen anderen Familienmitgliedern (abgesehen von Zinaida) vertrug er sich gut. Seine einnehmende Art verschaffte ihm die Sympathien der Gäste und Freunde, die ihn verhätschelten und verwöhnten. Doch ein verwöhntes Kind im üblichen Sinne war er nicht; seine Launen und Unpäßlichkeiten entsprangen nicht einem übertriebenen Egoismus. Wohl aber kann man ihn als typisch introvertiert bezeichnen, da ihn fast ausschließlich seine eigenen Gefühle, Gedanken und Reaktionen beschäftigten und es ihm schwerfiel, sein Innenleben zu verarbeiten.

Über das Leben Tschaikowskys während des Jahrzehnts von 1850 bis 1860 schreibt Modest:

«Nach dem großen Fortschritt, den Peter Iljitsch 1848/49 in der Musik gemacht hatte, wurde seine künstlerische Erziehung für volle zehn Jahre unterbrochen. Im Herbst 1850 begann für ihn das Leben eines zukünftigen Beamten des Justizministeriums.

Daraus folgt allerdings noch nicht, daß er keine musikalischen Eindrücke gehabt hätte. Diese Eindrücke waren sogar sehr intensiv. Der Komponist bekennt selbst, daß das geniale Werk Webers sowie ‹Das Leben für den Zaren› nächst den Bruchstücken aus Mozarts ‹Don Juan›, die er noch in Wotkinsk dank dem Orchestrion kennengelernt hatte, die erste Stelle im Tempel seiner Heiligtümer einnähmen. Er hatte aber niemanden, mit dem er seine musikalischen Eindrücke teilen konnte . . . Alle, mit denen er in Berührung kam, sahen die Musik als eine Spielerei an, die nur zum Zeitvertreib da war und der man keine ernsthafte Bedeutung im Leben beimessen sollte.

Die Schuljahre Peter Iljitschs haben für die Richtung, die sein späterer

Michail I. Glinka. Zeichnung, 1843

Lebenslauf nahm, fast gar keine Bedeutung gehabt. In der Zeit von 1852 bis 1859 wächst und gedeiht kein Künstler, sondern ein sympathischer, aber ziemlich mittelmäßiger Beamter . . .»[20]

Klassenkameraden erinnern sich an Tschaikowsky als den ausgesprochenen Liebling seiner Altersgenossen und Lehrer. Einer erzählt: «Zweifelsohne lag im Wesen Tschaikowskys etwas besonders Anziehendes, etwas, was ihn über die anderen Knaben stellte und die Herzen aller für ihn einnahm. Ein gutes Herz, ein weiches Gemüt und eine gewisse Sorglosigkeit in bezug auf seine eigene Person waren von jeher seine charakteristischen Eigenschaften.»[21]

Zumindest vorübergehend scheint Tschaikowsky die Musik vergessen oder verdrängt zu haben. Modest berichtet:

«Zum musikalischen Beruf hatte weder er selbst noch sonst jemand das rechte Vertrauen, so daß er selber nicht wußte, weshalb und wohin er ging. Gleichzeitig erwachte allmählich in dem zum Jüngling Heranreifenden die brennende Begierde, die Freuden des Lebens zu kosten; die Zukunft erschien ihm wie ein langes unendliches Fest, wie eine einzige,

Komposition des jungen Tschaikowsky aus den fünfziger Jahren

ununterbrochene große Freude, und diesem schönen Traum gab er sich voll und ganz hin.

Mit der Allgewalt seiner leidenschaftlichen Natur verfiel er dem Leichtsinn und wurde ein sehr lustiger, gutmütiger und sorgloser junger Mann, ohne ernste Bestrebungen, zwecklos und ziellos dahinlebend.»[22]

In seiner Studentenzeit schloß Tschaikowsky Freundschaft mit dem etwas jüngeren Alexej Nikolajewitsch Apuchtin, einem begabten, frühreifen Jungen, der später ein hervorragender Dichter wurde. In diesem ungemein intelligenten, literarisch bewanderten Freund begegnete Tschaikowsky wohl zum erstenmal einer charakterlichen Festigkeit und Nüchternheit sowie einem skeptischen Geist, der ihm absolut fremd war, der aber eine große Anziehungskraft auf ihn ausgeübt haben mag. Gewiß haben Apuchtins ausgeprägte Ansichten, Sympathien und Antipathien Tschaikowskys Augen für manches geöffnet, worüber er vorher kaum nachgedacht hatte.

1854 verlor Peter seine angebetete Mutter, die der Cholera erlag. Wie schwer dieser Verlust ihn traf, geht daraus hervor, daß er es erst zwei Jahre später über sich brachte, Fanny Dürbach ihren Tod mitzuteilen.

1858 traf die Familie ein weiterer Schicksalsschlag: der leichtgläubige Vater verlor sein ganzes Vermögen und war gezwungen, sich mit 63 Jahren eine neue Anstellung zu suchen. Zum Glück hatte er gute Beziehungen und wurde bald zum Direktor des Technologischen Instituts in St. Petersburg ernannt.

Im Mai 1859 wurde Peter Iljitsch Tschaikowsky mit dem Rang eines Titularrats aus der Juristenschule entlassen und als Beamter beim Justizministerium angestellt. Modest schreibt:

«In den ersten Jahren seines Beamtentums blieb er derselbe leichtferti-

Als Schüler der Juristenschule in St. Petersburg. Zeichnung, nach 1852

ge, vergnügungssüchtige Jüngling, der er noch in der Schule gewesen war. Auch konnte er seiner neuen Beschäftigung nicht mehr Geschmack abgewinnen, als ehemals dem *langweiligen Studium der Rechte* . . .

Seine dienstfreie Zeit widmete Peter Iljitsch ganz Vergnügungen und Belustigungen aller Art. Es ist unmöglich, all die kleinen und großen Amüsements aufzuzählen, denen er nachging. Sein liebenswürdiges Wesen gewann ihm in allen Gesellschaftsklassen immer neue Freunde, und er hatte reichlich Gelegenheit, sein Leben zu genießen . . . Von den winterlichen Belustigungen hatte er das Theater am liebsten, besonders das französische Schauspiel, das Ballett und die italienische Oper.»[23]

Vier Jahre lang (1855–58) nahm Tschaikowsky Klavierunterricht bei dem nach Rußland ausgewanderten Virtuosen Rudolf Kündinger, den Vater Tschaikowsky ins Haus kommen ließ. Seine von unbestechlicher Ehrlichkeit gekennzeichneten Mitteilungen gehören zu den wenigen Zeugnissen über Tschaikowskys musikalische Aktivitäten in jener Zeit.

«Er war ohne Zweifel sehr talentiert, besaß ein feines Gehör und gutes

St. Petersburg: der Newsky-Prospekt

Gedächtnis, daraus konnte man aber noch nicht folgern, daß aus ihm einst ein großer Pianist, geschweige denn ein berühmter Komponist werden könnte . . . Das einzige, womit er meine Aufmerksamkeit in etwas höherem Maße fesselte, waren seine Improvisationen.»[24]

Noch ein anderer Musiker hat wahrscheinlich eine – leider nicht mehr genau feststellbare – Rolle im musikalischen Werdegang Tschaikowskys während dieses Jahrzehnts gespielt: ein Gesangslehrer namens Piccioli, der sich, wie viele andere Italiener, damals in Rußland etabliert hatte. Signor Piccioli scheint eine recht sonderbare Figur gewesen zu sein, ein eitler Schürzenjäger, der durch künstliche Anspannung der Gesichtshaut sein fortgeschrittenes Alter zu vertuschen suchte, der sich schminkte und seine Haare pechschwarz färbte. Mit diesem Stutzer, der nichts von Bach und Mozart hielt, die italienische Oper und die Gesangstechnik jedoch gründlich kannte, war Tschaikowsky eine Zeitlang befreundet, und sicherlich hat er manches von ihm gelernt. Doch wenn Richard H. Stein, der erste deutsche Biograph, der sich gründlich mit Tschaikowsky befaß-

1860

te, behauptet: «... seine blühende und zuweilen stark italienisierende Melodik ist ohne den nachhaltigen Einfluß Picciolis nicht denkbar»[25], so ist das wohl übertrieben.

Feststeht, daß die musikalischen Kenntnisse des zwanzigjährigen Tschaikowsky sehr begrenzt waren. Während seiner Studentenzeit ging er manchmal in die italienische Oper (öfter allerdings ins Theater), wo er die Werke Rossinis, Donizettis, Bellinis sowie die des jungen Verdi und anderer Italiener kennenlernte. Mozart blieb nach wie vor sein Ideal, und ebenso Glinka. Webers «Freischütz» hat auf ihn großen Eindruck gemacht. Beethoven verehrte er, obwohl er nur wenig von ihm kannte. Bach, Haydn, Schubert, Schumann und viele andere waren für ihn bloße Namen, nicht zuletzt deshalb, weil Orchester- und Kammermusik in St.

Petersburg kein Publikum fanden und deshalb nur wenig gepflegt wurden. Für Noten, die damals sehr teuer waren, hatte der verschwenderische Dandy kein Geld, denn er gab sein mageres Gehalt lieber für Bälle, Diners, modische Kleidung und für Tabak aus, dem er schon früh verfallen war.

Daß Tschaikowsky damals dieses Leben eines jungen Beamten aus guter Familie führte, ist nicht verwunderlich. Für einen solchen war Musik als Liebhaberei – neben einem anständigen Beruf – durchaus standesgemäß und erlaubt, als Hauptberuf aber verpönt. Ungewöhnlich ist nur, daß er diesem standesgemäßen Lebenswandel bald darauf für immer den Rücken kehrt.

HINWENDUNG ZUR MUSIK

Entscheidend im Leben Tschaikowskys wird das Jahr 1861. Ob er des frivolen, gesellschaftlichen Lebens überdrüssig war, ob ihn das nüchterne Beamtendasein anwiderte, ob der innere Zwang ihn antrieb, sich dort zu bewähren, wo er sich überlegen fühlte, ob die Neigung zur Kunst, die er zehn Jahre lang aus seinem Leben zu verdrängen versucht hatte, nun mit Gewalt durchbrach – vielleicht aus all diesen Gründen gleichzeitig wendet sich Tschaikowsky völlig der Musik zu. Im September 1862 tritt er in das Petersburger Konservatorium ein. Er trennt sich ganz von seinem früheren Bekanntenkreis und lebt nur noch seinem Musikstudium. Einige Monate lang geht er zwar noch ins Justizministerium in der Hoffnung, dort zu avancieren. Aber zu seiner Enttäuschung wird er bei der Beförderung übergangen. Da sein Vater 1863 seinen Direktorenposten infolge von Meinungsverschiedenheiten mit seinen Vorgesetzten ebenfalls aufgab, war die finanzielle Lage der Familie nicht die beste. Um so bewundernswerter ist die Entschlossenheit Tschaikowskys, sich ganz der Musik zu widmen. «Dieser Peter! Dieser nichtsnutzige Peter! Nun hat er die Jurisprudenz mit dem Dudelsack vertauscht!»[26] Mit diesen Worten kommentiert der Onkel Peter Petrowitsch den Schritt seines Neffen, und sein Bruder Modest meint: «Ob die Übersättigung plötzlich in ihm erwacht war – vielleicht unter dem Eindruck irgendeines uns unbekannt gebliebenen Ereignisses, oder ob sie sich nach und nach in seine Seele geschlichen hat, das weiß keiner, denn Peter Iljitsch hat sich durch jene schweren Stunden ganz allein durchgerungen. Seine Umgebung hat erst dann etwas davon bemerkt, als die Wandlung bereits vollzogen war . . .»[27]

In einem Brief an seine Schwester Alexandra schreibt Tschaikowsky selbst, sein Vater habe ihm – aus eigener Initiative – den Vorschlag gemacht, sich ganz der Musik zu widmen.

1861

Auch nahm sich Peter plötzlich der Zwillingsbrüder an, die ihn bisher immer aus der Ferne verehrt hatten:

«Der weiseste, der erfahrenste Pädagoge, die liebevollste, zärtlichste Mutter würde uns seitdem Peter nicht ersetzen können, denn er war für uns außerdem Kamerad und Freund. Alles, was wir dachten und was wir fühlten, durften wir ihm erzählen, ohne zu fürchten, daß er kein Interesse dafür habe. Wir scherzten, wir tollten mit ihm, respektierten aber auch ein jedes seiner Worte. Sein Einfluß auf uns war grenzenlos . . . Wir unsererseits wurden die größte Sorge und der Zweck seines Lebens.»[28]

Im Jahre 1861 erfüllte sich Tschaikowskys Traum, ins Ausland zu reisen: Als Dolmetscher begleitete er einen gewissen W. W. auf einer Geschäftsreise, die über Berlin, Hamburg, Brüssel, Antwerpen und London nach Paris führte, wo er sich von dem nicht identifizierten Herrn W. W. im Zorn trennte. Über diese Reise schreibt Modest: «Viel Nutzen im wissenschaftlichen und ästhetischen Sinne hat Peter Iljitsch von seiner Reise nicht gehabt . . . In den drei Monaten seines Aufenthalts in fremden Ländern hat er nur eines gelernt: wo es am lustigsten zuging. Und doch war seine Reise in gewissem Sinne nicht bedeutungslos geblieben.»[29]

Peter selbst schreibt kurz nach seiner Rückkehr an seine Schwester Sascha, die von nun an zu seinen Vertrauten zählt:

Wenn ich je eine kolossale Dummheit begangen habe, so war es diese Reise. Du erinnerst Dich wohl noch an W. W. Stelle Dir vor, daß unter der Maske jener bonhomie, die mich einen guten Menschen in ihm vermuten ließ, sich die gemeinsten Charaktereigenschaften verbargen . . . Außerdem habe ich mehr Geld ausgegeben, als ich sollte, und gar keinen Nutzen davon gehabt . . . Du weißt, daß ich eine Schwäche habe: sobald ich im Besitz einiges Geldes bin, gebe ich es auch schon für Vergnügungen aus: das ist gemein, das ist unklug, das weiß ich; es liegt aber einmal in meinem Charakter . . .

PS. Ich habe begonnen, den Generalbaß zu studieren, und mache darin gute Fortschritte. Wer weiß, vielleicht wirst Du nach drei Jahren meine Opern anhören und meine Arien singen.[30]

Wie wenig Selbstvertrauen Tschaikowsky am Anfang besaß, geht aus diesem und aus anderen Briefen hervor. Doch schon am 4. (16.) Dezember konnte er schreiben: *Ich hatte Dir . . . schon geschrieben, daß ich die Theorie der Musik zu lernen begonnen habe und zwar recht erfolgreich . . . Ich fürchte nur für meine Charakterlosigkeit; am Ende wird meine Trägheit siegen, wenn aber nicht, so verspreche ich Dir, daß aus mir noch etwas werden wird. Zum Glück ist es noch nicht zu spät . . .*[31]

Den theoretischen Unterricht, den Tschaikowsky erwähnt, nahm er bei dem gewissenhaften, doch nicht sonderlich begabten polnischen Komponisten Nikolai Zaremba, der ihm Harmonielehre und Kontrapunkt im strengen Stil beizubringen versuchte. Zaremba blieb auch sein Lehrer am Petersburger Konservatorium, das der berühmte Klaviervirtuose und Komponist Anton G. Rubinstein um diese Zeit gegründet hatte. Dort wurde Tschaikowsky zur Ergänzung seiner musiktheoretischen Studien von Rubinstein selbst in Komposition und Instrumentation unterrichtet, was eine Ehre war, zumal Rubinstein sich zunächst nur wenig für ihn interessierte. Über diesen international anerkannten Künstler schreibt Richard H. Stein: «Er war kein Mann der schönen Worte, sprach zwar viele Sprachen, jedoch nicht eine einzige grammatikalisch richtig; liebte überhaupt nicht lange Auseinandersetzungen, sondern begnügte sich mit kurzen, sehr bestimmten Anweisungen. Vor allem aber war er eine Persönlichkeit, die imponierte; ein Künstler, dessen sarkastischer Witz und heftige Temperamentsausbrüche alle Schüler fürchteten . . . Peter Iljitsch ist zeitlebens ein scheuer Bewunderer Anton Rubinsteins geblieben, dessen hartes Urteil ihn oft betrübte; er verehrte ihn unbegrenzt, aber nur aus der Ferne.»[32]

Tschaikowsky bewahrte diesen beiden grundverschiedenen Lehrern gegenüber eine erstaunliche Unabhängigkeit. Seine Entwicklung hat nichts Aufsehenerregendes, ist dafür aber um so stetiger. Von einem persönlichen Stil war zu dieser Zeit noch nichts zu spüren.

Von entscheidender Bedeutung wird seine enge Freundschaft mit dem um fünf Jahre jüngeren Hermann Augustowitsch Laroche, der gleichzeitig mit Peter Iljitsch ins Konservatorium eintrat. Laroche war in jeder Hinsicht ein außergewöhnlicher Mensch: sensibel, frühreif (er sprach schon damals Russisch, Französisch, Deutsch und Englisch), belesen, hochmusikalisch, vielseitig in seinen Interessen und ungewöhnlich intelligent. Er wurde später zu einem der führenden Kritiker Rußlands und blieb Tschaikowskys enger Freund, der ihn mit Rat und Tat – manchmal auch durch scharfe Kritik – förderte. Wegen seiner konservativen Einstellung wurde er später von dem «Mächtigen Häuflein», jener Gruppe von fünf Petersburger Komponisten, angefeindet. Diese Gruppe, der Balakirew, Rimsky-Korsakow, Cui, Mussorgsky und Borodin angehörten, stand infolge ihrer musikalischen Auffassung in Opposition zu Tschaikowsky. Rimsky-Korsakow erzählt über eine Auseinandersetzung zwischen Laroche und dem führenden Petersburger Kritiker W. W. Stassow, die 1871 stattfand: «Laroche, der für die ‹Moskauer Nachrichten› schrieb, war mehr und mehr als glühender Verteidiger der technischen Vollkommenheit in der Kunst . . . hervorgetreten. Laroche bemühte sich, beherrscht und logisch zu argumentieren, während Stassow, wie es seine Art war, kein Maß kannte und selbst vor Grobheiten und Beleidigungen nicht haltmachte. Nur mit Mühe und Not waren die beiden wieder auseinanderzubringen.»[33]

Zweifelsohne bestärkte Laroche Tschaikowsky in der Ansicht, ein Komponist müsse zuerst ein solides musikalisches Handwerkszeug erwerben, was Peter am Konservatorium auch tat. Die Meinung des «Mächtigen Häufleins», vor allem seines Führers Balakirew, technische Fähigkeit sei mit Akademismus gleichzusetzen, wurde von Tschaikowsky in keiner Weise geteilt. (Auch Rimsky-Korsakow ist später davon abgekommen.) Ebensowenig fürchtete sich Tschaikowsky vor dem Eklektizismus, den ihm der Balakirew-Kreis vorwarf. In seinen Studienjahren bemühte er sich, Lücken in seiner musikalischen Bildung zu schließen, wozu ihm Laroche viele Anregungen gab. Die beiden Freunde spielten vierhändig, nach geliehenen Noten, nahmen Klavierauszüge von Opern durch und diskutierten über die verschiedensten Probleme der Musik.

Die Erinnerungen, die Laroche für Modests Biographie schrieb, halten manche interessanten Details aus Tschaikowskys Konservatoriumszeit fest: «Die gleichmäßige und normale Entwicklung der Fähigkeiten Peter Iljitschs war jeglicher Überraschungen bar. In seinen Arbeiten, welche

Anton G. Rubinstein

stets gleichmäßig gut waren, begegnete man nie jenen ... ‹Blitzlichtern›, die den erstaunten Professor in Entzücken versetzen ... Rubinstein merkte den Eifer seines Schülers und stellte immer größere Anforderungen an seine Leistungsfähigkeit. Je größer aber seine Ansprüche wurden, um so energischer arbeitete auch Peter Iljitsch; manches Mal saß er ganze Nächte durch, um früh morgens die kaum fertiggeschriebene Partitur seinem unersättlichen Lehrer vorlegen zu können.»[34]

Während der Konservatoriumsjahre schrieb Tschaikowsky neben den theoretischen Aufgaben eine Ouvertüre zu dem Schauspiel «Das Gewitter» von Ostrowsky, die wegen der großen Orchesterbesetzung den Zorn Anton Rubinsteins hervorrief; schon damals war Tschaikowskys Vorliebe für das große, post-Meyerbeersche Orchester zu erkennen. Sein *Tanz der Mägde* wurde von keinem anderen als Johann Strauß (Sohn) in Kiew uraufgeführt, wo der «Walzerkönig» mit seinem Orchester gastierte. Dies war die erste öffentliche Aufführung eines Werkes von Tschaikowsky überhaupt. Als Prüfungsaufgabe für das Reifezeugnis stellte ihm Anton Rubinstein die Vertonung von Schillers Gedicht «An die Freude», ein recht eigenwilliges Thema. Inwieweit dieses Werk für Soli, Chor und

Hermann A. Laroche

Orchester jedoch die schlechte Kritik Cesar Cuis verdiente, sei dahingestellt. Viel wichtiger ist der ermutigende Brief, den Hermann A. Laroche an Tschaikowsky schrieb: «Ich sage es Ihnen offen, daß Sie das größte musikalische Talent des gegenwärtigen Rußlands sind. Kraftvoller und origineller als Balakirew, edler und schöpferischer als Serow, unvergleichlich gebildeter als Rimsky-Korsakow. In Ihnen erblicke ich die größte, oder besser gesagt die einzige Hoffnung unserer musikalischen Zukunft. Sie wissen sehr gut, daß ich nicht schmeichle: Ich habe keinen Augenblick gezögert, Ihnen zu sagen, daß Ihr ... *Gewitter* ein Museum antimusikalischer Kuriositäten sei ... Ihre eigentlichen Schöpfungen werden vielleicht erst nach fünf Jahren beginnen. Diese reifen und klassischen Schöpfungen aber werden alles übertreffen, was wir nach Glinka gehabt haben.»[35]

BERUFUNG NACH MOSKAU
(1866–1870)

Die drei Jahre, die Tschaikowsky am Petersburger Konservatorium verbrachte, stehen in starkem Kontrast zu seiner früheren Beamtenzeit: Für oberflächliche Vergnügungen hatte der angehende Musiker weder Zeit noch Geld, noch Sinn. Er wohnte äußerst bescheiden, nahm die meisten Mahlzeiten zu Hause ein und verdiente sich durch Privatstunden, die ihm Anton Rubinstein verschaffte, ein Taschengeld. Trotzdem waren es glückliche Jahre für Tschaikowsky, denn er hatte ein Ziel vor Augen, für das er all seine Kräfte einsetzte.

Was aber sollte aus dem frischgebackenen Musiker in dem damaligen Rußland werden? Für jemanden, der wie Tschaikowsky weder Sänger noch Instrumentalist, noch Dirigent war, gab es nur sehr begrenzte Möglichkeiten. Von den wenigen, die damals überhaupt Musik studierten, ergriffen fast alle später einen praktischen Beruf.

Aber er hatte Glück: Nikolaj G. Rubinstein, der Bruder Anton Rubinsteins, gründete gerade um dieselbe Zeit, als Tschaikowsky sein Abschlußzeugnis erhielt, das Moskauer Konservatorium. Alexander N. Serow war ursprünglich als Theorielehrer vorgesehen, konnte sich aber nicht dazu entschließen, von St. Petersburg nach Moskau zu übersiedeln. Deshalb engagierte Nikolaj Rubinstein Tschaikowsky, der sich daraufhin im Frühjahr 1866 in Moskau niederließ.

Modest übertreibt wohl nicht, wenn er behauptet, daß «niemand eine größere Rolle in dem Schicksal des Komponisten gespielt hat, niemand in höherem Maße – als Künstler und auch als Freund – dem Aufblühen

Johann Strauß (Sohn)

Nikolaj G. Rubinstein

Moskau

seines Ruhmes förderlich gewesen, niemand mehr für Peter Iljitsch gesorgt und seinen ersten furchtsamen Anfängen eine tatkräftigere Unterstützung hat angedeihen lassen – als der Direktor des Moskauer Konservatoriums»[36].

In der Tat hat sich Nikolaj Rubinstein seines um fünf Jahre jüngeren Theorielehrers in großzügiger Weise angenommen. Da Tschaikowsky nur einen abgetragenen Anzug besaß, kleidete Rubinstein ihn ein. Er ließ für ihn ein kleines Zimmer im Konservatorium einrichten, unmittelbar neben seinem eigenen. Er nahm ihn mit in Konzerte und in die Oper und machte ihn mit vielen Leuten bekannt. Er gab ihm zu essen und, sogar überreichlich, zu trinken. Im Gegensatz zu seinem Bruder Anton war Nikolaj ein richtiger Lebemann, den Weinstock folgendermaßen charakterisiert: «Zu der Zeit, als Peter Iljitsch in Moskau eintraf, trieb Nikolaj stürmisch und mit vollen Segeln auf dem Strom seiner geliebten Arbeit dahin, für viele Stunden des Tages, denen lange Nächte folgten, die dem Kartenspiel, dem Trunk und allen möglichen Affären . . . gewidmet waren. Von den Lehrern, die er mochte, verlangte er, daß sie nach dem Unterricht seine Zechkumpane wären. Den zurückgezogenen und linkischen Peter Iljitsch liebte er und glaubte, zu seiner Freude, in ihm das gleiche Talent für Gastereien und eine ihm gemäße Aufnahmefähigkeit für Alkohol entdeckt zu haben. Diese Freundschaft beeinflußte jedoch nicht seine musikalischen Grundsätze, und lange Zeit war sein Urteil über den Komponisten Peter Iljitsch durchaus unschlüssig, ja unfreundlich.»[37]

Bis 1871 wohnte Tschaikowsky bei Nikolaj Rubinstein, der dem jungen Musiklehrer einredete, er könne es sich nicht leisten, eine eigene Wohnung zu bezahlen. Gewiß war dies anfangs der Fall, doch mit der Zeit bekam Tschaikowsky mehr Schüler, und sein kleines Einkommen verdoppelte sich. Sogar in diesen mageren Jahren trug Peter Iljitsch zum Unterhalt seiner jüngeren Zwillingsbrüder Anatol und Modest bei, die in St. Petersburg geblieben waren.

Das undisziplinierte Leben Rubinsteins, das Tschaikowsky zwangsläufig teilen mußte, das ewige Zechen, Kartenspielen, Tratschen, Musizieren und Diskutieren zu jeder Tages- und Nachtzeit, wurde ihm bald zur Last. Es störte ihn beim Komponieren und brachte ihn manchmal an den Rand der Verzweiflung. Immer wieder suchte er Zuflucht im nahen Kaffeehaus, wo er verhältnismäßig ungestört arbeiten konnte.

Er litt auch unter Rubinsteins Despotismus. Als 1878 das Moskauer Konservatorium in einem Zeitungsartikel angegriffen wurde, schrieb er an Frau von Meck: *. . . so verlogen und verleumderisch der Artikel auch sein mag, so muß ich leider doch gestehen, daß der wesentliche Gedanke teilweise gerechtfertigt ist. Rubinsteins harter Despotismus und seine unbeschränkte Willkür müssen auf Widerstand stoßen. Die Mitglieder des Konservatoriums werden allmählich zu Lakaien . . . Entrüstet bin*

Paris: Place Blanche mit Moulin Rouge

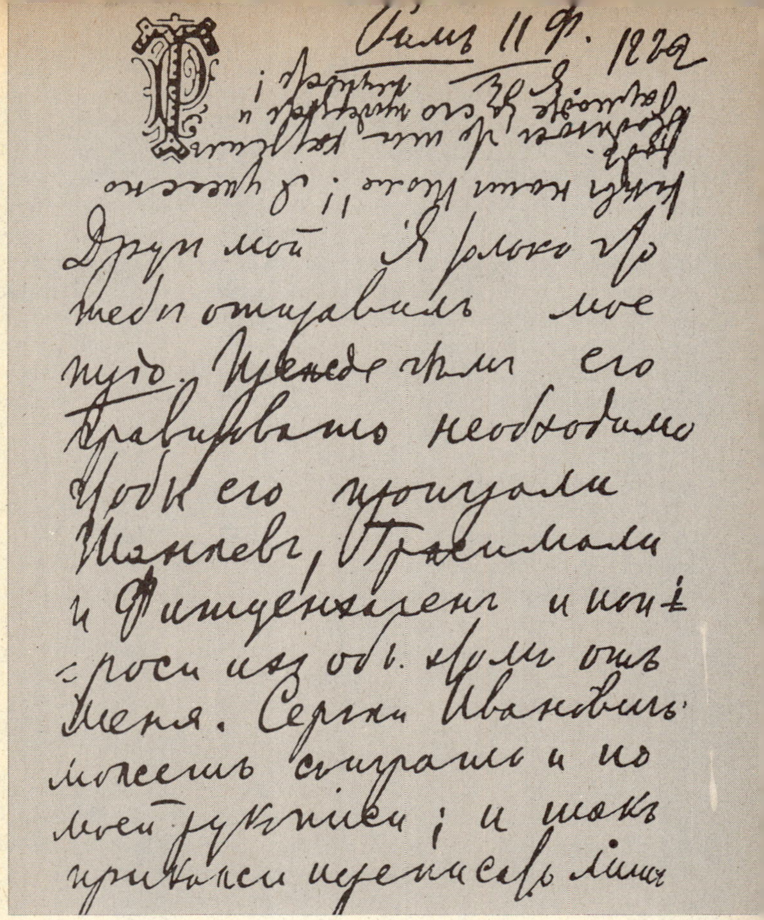

Die erste Seite eines Briefes von Tschaikowsky an seinen Verleger Peter Jurgenson

ich aber, daß man ihm schmutzige Charaktereigenschaften vorwirft, die er nicht besitzt . . .[38]

Es bleibt offen, ob und wie stark Tschaikowsky hier übertreibt, da er den zitierten Brief in einem Augenblick schrieb, in dem er seiner Lehrstelle bereits überdrüssig war, die er kurz darauf tatsächlich aufgab.

Diese Lehrtätigkeit hatte recht gut angefangen. Tschaikowsky entpuppte sich als ein fähiger Lehrer. Seine in der Mehrzahl weiblichen Studenten fanden ihn sympathisch; manche Schülerin wäre über ein weniger unpersönliches Verhältnis zu ihm glücklich gewesen. Modest

Tschaikowsky zählt in diesen ersten Moskauer Jahren sechs Personen zum engeren Freundeskreis seines Bruders: Nikolaj Rubinstein; dessen «rechte Hand», den Inspektor des Konservatoriums Konstantin Albrecht; Peter Jurgenson, Tschaikowskys künftiger Verleger; Nikolaj Kaschkin, einen ausgezeichneten Musiker und Klavierlehrer, und dessen Frau, in deren Haus Tschaikowsky regelmäßig verkehrte; Hermann Laroche, der ebenfalls ans Moskauer Konservatorium berufen worden war, und Nikolaj Hubert, ein Kamerad aus der Petersburger Studienzeit, der später Direktor des Konservatoriums wurde. Damals lernte Tschaikowsky auch den bekannten Dichter Alexander N. Ostrowsky kennen, der ihm später das Libretto für die Oper *Der Wojewode* schrieb und zu dessen Frühlingsmärchen «Schneewittchen» er die Zwischenaktmusik komponierte. Mit den Brüdern Konstantin und Wladimir Schilowsky, die beide jünger waren als Peter Iljitsch, kam er oft zusammen. Wladimir war eine Zeitlang sein Lieblingsschüler; mit ihm verbrachte er den Sommer 1868 in Paris.

Neben diesem regen gesellschaftlichen Verkehr, den Vorlesungen am Konservatorium und den Zusammenkünften mit Nikolaj Rubinstein arbeitete Tschaikowsky eine Ouvertüre um, schrieb eine neue für die Hochzeit des Zarewitsch Alexander mit der dänischen Prinzessin Dagmar und plagte sich mit der Komposition seiner ersten Symphonie, die den Titel *Winterträume* trägt und die ihn viele schlaflose Nächte kostete. Sie ist das erste große Werk Tschaikowskys, zwar noch kein Meisterstück, doch erstaunlich gut gelungen, wenn man bedenkt, daß sie 1868 entstand, als der Komponist noch sehr wenig Erfahrung hatte. Über sie berichtet Modest: «Nicht eine einzige seiner Kompositionen hat ihm soviel Mühe und soviel Qual gekostet wie gerade diese Symphonie ... Ende Juni kam es zu schrecklichen, nervösen Anfällen. Der herbeigerufene Arzt konstatierte, daß Peter Iljitsch nur ‹um einen Schritt vom Wahnsinn› entfernt und daß die Lage verzweifelt sei. Die Krankheit äußerte sich hauptsächlich und am fürchterlichsten darin, daß Peter Iljitsch von Halluzinationen und von einem beklemmenden Angstgefühl verfolgt wurde ... Nach jener Symphonie ist nicht eine einzige Note seiner Kompositionen nachts entstanden.»[39]

Herbert Weinstock, dessen 1943 in New York erschienene und auf russischen Quellen basierende Biographie manches Neue zur Forschung beitrug, meint zu diesen sich wiederholenden Krisen Tschaikowskys: «Uns ist nichts darüber bekannt, daß er eine ernsthafte Krankheit gehabt hätte ... Dennoch litt er ununterbrochen unter einem Zustand, den er seine ‹apoplektischen Anfälle› (es waren gar keine) und seine ‹Herzkrämpfe› zu nennen pflegte. Halluzinationen und krankhafte Angstzustände, entsetzlicher für ihn als die rauhe Wirklichkeit, hielten ihn ständig in Schrecken. Offensichtlich war er Neurastheniker. Es ist allgemein bekannt, daß er homosexuell und unglücklich darüber war. Tatsa-

1868

chen und Andeutungen lassen vermuten, daß die wesentliche Ursache seiner seelischen Erschütterungen und nervösen Störungen in der mühsamen Unterdrückung des Sexualtriebs lag, an den vergeblichen Versuchen, sich wie andere Menschen zu verlieben, und der unausgesetzten Angst, eine übelwollende und herzlose Gesellschaft könnte seine geheime Natur und seine eigentlichen erotischen Neigungen entdecken ... Der Klatsch brachte ihn mit Studenten des Konservatoriums in Zusammenhang. Selbstverständlich wäre es interessant, ihre Namen zu wissen. Doch würden alle diese Namen an jener bedeutsamen Tatsache nichts ändern: daß Peters erotische Natur und seine Auseinandersetzung mit ihr auf sein ganzes reiferes Leben sich auswirkte und seiner Persönlichkeit wie auch mitunter seiner Musik jenen düsteren, sinnlichen, introspektiven und weltschmerzlichen Charakter verlieh ...»[40]

Es wird unumgänglich sein, auf Tschaikowskys homosexuelle Neigungen da und dort zurückzukommen. Wann und mit wem Tschaikowsky ihnen nachgegeben hat, ist allerdings absolut unwichtig. Selbst ihre Existenz wäre an sich unwesentlich, wäre sie nicht die Ursache eines Übels, das als wesentlich betrachtet werden muß: nämlich Tschaikowskys Scham vor dem, was er selber als «unnatürlich» empfand, seine Angst, daß sein «Geheimnis» ans Licht kommen könnte, und seine Überzeugung, er sei ein verachtungswürdiger Mensch, weil er andersartig war. Kurzum, nicht seine homosexuelle Neigung, sondern ihre Auswirkung auf seine Psyche hat ihm das Leben so unendlich schwergemacht.

Die immer wiederkehrenden Depressionen schildert ein Brief Tschaikowskys, den er während des Sommers 1867 an seine Schwester schrieb:

Die mich umgebenden Menschen wundern sich oft über meine Sprechfaulheit, über die Verstimmung, an der ich oft leide, während ich im Grunde gar kein schlechtes Leben führe. Was braucht denn noch ein Mensch, der sich materiell gut stellt, der von allen verehrt wird und dessen künstlerische Leistungen anerkannt werden? Und trotz alledem weiche ich Gesellschaften aus, bin nicht imstande, Bekanntschaften zu unterhalten, habe die Einsamkeit gern, bin schweigsam, usw. Das alles erklärt sich durch meinen Lebensüberdruß. Du bist vielleicht der Meinung, daß eine derartige Seelenstimmung gewöhnlich zu Heiratsgedanken führt. Nein, meine Liebe! Wiederum aus Lebensmüdigkeit bin ich zu faul, um neue Beziehungen anzuknüpfen, zu bequem, um eine Familie zu gründen, zu lässig, um die Verantwortung für das Schicksal der Frau und der Kinder auf mich zu nehmen. Mit einem Wort: die Ehe ist für mich undenkbar.[41]

Das ist gewiß nicht bloß Gejammer und billiges Selbstmitleid. Vielmehr äußert sich hier ein unbewußtes Bedürfnis nach Selbsterniedrigung. Gefühle, die in jedem Menschen vorhanden sind, führen hier, krankhaft übersteigert, zu einer passiven, hypochondrischen und misanthropischen Einstellung gegenüber der Umwelt. Während die meisten solche Gefühle verneinen oder unterdrücken, läßt sich Tschaikowsky von ihnen treiben. Aber er zeigt dies nur einigen wenigen Freunden gegenüber, die er liebt und die ihn lieben. Mit ihnen spricht er über das, was er sonst nur in seiner Musik ausspricht – etwas, dessen Wahrheit für die meisten Menschen unerträglich ist.

Wahrscheinlich darf man manchen Äußerungen, die Tschaikowsky während solcher Depressionen niederschrieb, keine allzu große Bedeutung beimessen, auch wenn er selbst während des Schreibens fest daran glaubte. Man sollte sie aber auch nicht einfach abtun. Wenn er zum Beispiel immer wieder von seiner Faulheit spricht, und das zu einer Zeit, in der er außergewöhnlich fleißig war, so ist das kein bloßes Getue und keine Einbildung. Es deutet vielmehr auf eine latente Lethargie, die er durch den Drang zum Komponieren unter großer Kraftanstrengung überwand.

In den ersten Moskauer Jahren (1866–70) schreibt Tschaikowsky seine ersten erfolgreichen Werke. Da ist zunächst die Ouvertüre *Romeo und Julia* (1870), die zwar später umgearbeitet wurde, aber – zusammen mit Berlioz' gleichnamiger Symphonie dramatique und Mendelssohns Bühnenmusik – zu den vollkommensten Wiedergaben Shakespeareschen Geistes in der Musik zählt. Auch die *Erste Symphonie* (1866) gehört, trotz gewisser Schwächen, zu den Kompositionen, die heute noch Gültigkeit haben.

Bereits damals zeigt sich Tschaikowskys leidenschaftliches Interesse für die Oper. *Der Wojewode*, an dem er zwei Jahre gearbeitet hatte, wurde Anfang 1869 uraufgeführt. Dagegen lehnte die Petersburger Oper die 1869 entstandene *Undine* ab. Tschaikowsky verbrannte beide Opern. Ebenso vernichtete er die symphonische Fantasie *Fatum*, vor allem wegen einer freundlichen, doch überwiegend negativen Kritik Balakirews, den Tschaikowsky sehr schätzte. Von diesem Werk, einem Nachklang der Lisztschen symphonischen Dichtung, blieben jedoch die Orchesterstimmen erhalten, aus denen die Partitur wiederhergestellt und postum veröffentlicht wurde. Auch *Der Wojewode* wurde in den zwanziger Jahren an Hand von Skizzen und inkomplettem Aufführungsmaterial rekonstruiert. Einzelne Teile der beiden Opern übernahm Tschaikowsky in spätere Werke.

Hermann Laroches vernichtendes Urteil über *Der Wojewode* führte zu einem zweijährigen Bruch ihrer engen Freundschaft, doch sah Tschaikowsky später ein, daß Laroche recht hatte. So schreibt er zwölf Jahre danach an Frau von Meck: *«Der Wojewode» ist zweifellos eine sehr schlechte Oper. Ich spreche nicht von dem Wert der Musik allein, sondern überhaupt von der Summe aller Bedingungen, die auf die Qualität einer Oper Einfluß haben. Erstens ist schon das Sujet ganz untauglich, das heißt es entbehrt des dramatischen Interesses und der Bewegung. Zweitens ist die Oper zu flüchtig und zu leichtsinnig gearbeitet; infolgedessen haben die Formen keinen richtigen Operncharakter erhalten und werden den Anforderungen der Bühne nicht gerecht. Der dritte Mangel liegt in dem allzu massiven Orchester, das über die Solostimmen dominiert.*[42]

Abgesehen von den gelegentlichen Depressionen und Nervenkrisen verlief Tschaikowskys Leben während der ersten Moskauer Jahre relativ ereignislos. Gewissenhaft, wenn auch ohne Freude übte er seine Lehrtätigkeit aus. *Die Zeit vergeht im allgemeinen schnell und angenehm*, schreibt er an seinen Bruder Anatol. Die Sommermonate verbrachte er teilweise im Ausland (1867 in Finnland, 1868 in Paris, 1870 in Deutschland), teilweise auf dem Lande. Am liebsten war er bei seiner Schwester Sascha und ihrem Mann, die auf einem Gut bei Kamenka, unweit von

Désirée Artôt, um 1866

Kiew, lebten. Hier konnte er die Natur genießen und lange Spaziergänge machen, wie er das zeit seines Lebens tat. Von Familie und Freunden umgeben, fühlte er sich geborgen, konnte intensiv arbeiten und brauchte das «Affentheater» des Stadtlebens nicht mitzumachen. Immer wieder flüchtete er nach Kamenka, wo er die ukrainische (oder «kleinrussische») Volksmusik kennenlernte und sammelte, deren Geist und Stil zu einem Bestandteil seines Schaffens wurden. In seine *Zweite Symphonie*, die oft die «kleinrussische» genannt wird, bezieht er ukrainische Volksmelodien ein.

Eine merkwürdige Episode ereignete sich im Jahre 1868. Im Frühjahr gastierte ein italienisches Opernensemble in Moskau mit der Sopranistin

Désirée Artôt, die zwar keine vollendete Schönheit war, aber als hervorragende Künstlerin galt.

«Für viele der damaligen Moskauer Musiker – auch für Peter Iljitsch – (so schreibt Hermann Laroche) erschien sie als eine Verkörperung des dramatischen Gesanges selbst, als eine Göttin, welche in ihrem Wesen all die Eigenschaften vereinigte, die gewöhnlich auf verschiedene Naturen verteilt sind.»[43]

Zwischen Tschaikowsky und der Sängerin, die oft zusammentrafen, entstand eine starke Zuneigung, und er faßte den Entschluß, die Artôt zu heiraten. Am 26. Dezember 1868 (7. Januar 1869 nach unserer Zeitrechnung) schreibt er an seinen Vater: *Sehr bald entflammten wir in gegenseitiger zärtlicher Neigung und die Geständnisse folgten unmittelbar darauf. Natürlich besprachen wir sofort die Frage einer gesetzlichen Ehe, und, wenn nichts dazwischenkommt, soll die Hochzeit schon im künftigen Sommer zustande kommen . . .*[44]

Der Vater antwortete mit einem langen Brief, in dem er Verständnis für Peters Absicht zeigt, aber vor übermäßiger Eile warnt: «Es würde gar nicht übel sein, wenn Ihr Euch prüfen wolltet . . . nicht durch Eifersucht, sondern durch die Zeit. Wartet und fraget Euch beständig: liebe ich sie auch wirklich wahrhaft, liebt er mich auch wirklich wahrhaft? Wird er (oder sie) auch in der Tat mit mir bis an das Grab die Freuden und Leiden des Lebens teilen?»[45]

Die Artôt reiste mit dem Ensemble weiter; jedoch anstatt nach ihrem Verlobten zu schmachten, heiratete sie Anfang 1869 in Warschau den spanischen Bariton Mariano de Padilla y Ramos. Tschaikowsky ertrug diesen Schlag mit Fassung, ja vielleicht empfand er sogar eine gewisse Erleichterung. An seinen Bruder Anatol schrieb er: *Bezüglich des Liebesabenteuers, welches ich zu Anfang des Winters erlebt habe, kann ich Dir mitteilen, daß es sehr zweifelhaft ist, ob mein Eintritt in Hymens Reich zustande kommen wird. Die Sache beginnt, etwas auseinanderzugehen.*[46]

Ein Jahr später, kurz bevor Désirée Artôt-Padilla wieder nach Moskau kam, schreibt er an Modest: *Dieses Weib hat mir viele bittere Stunden bereitet, und doch fühle ich mich durch eine unerklärliche Sympathie so zu ihr hingezogen, daß ich beginne, mit fieberhafter Ungeduld ihre Ankunft zu erwarten.*[47]

Nun, sie begegneten einander «wie zwei Freunde», und diese Freundschaft blieb bestehen.

1869 verbrachte Balakirew, der Kopf des «Mächtigen Häufleins», einige Zeit in Moskau.

. . . ich muß gestehen, daß mir seine Anwesenheit etwas unbehaglich ist: er nötigt mich, den ganzen Tag mit ihm zu sein, das ist aber sehr langweilig. Er ist zwar ein sehr guter Mensch und sehr für mich eingenommen, aber – ich weiß nicht warum – ich kann mich nicht recht mit

ihm befreunden. Es gefällt mir in ihm nicht sonderlich die Ausschließlichkeit seiner musikalischen Ansichten und sein schroffer Ton. Übrigens hat seine Anwesenheit mir in mancher Beziehung genützt ... berichtet Peter Iljitsch in einem Brief an Anatol und fährt fort: ... *Balakirew reist heute ab. Ob er mir auch lästig gewesen, die Gerechtigkeit erheischt aber, daß ich ihn als einen ehrlichen und guten Menschen ansehe, welcher dazu als Künstler unermeßlich höher steht als die Allgemeinheit.*[48]

Interessanterweise kam der Vorschlag, die Fantasie-Ouvertüre *Romeo und Julia* zu komponieren, von Balakirew, der über die Entstehung des Werkes wachte und manche Anregungen dazu gab. Diese Ouvertüre wurde 1870 von Nikolaj Rubinstein uraufgeführt.

UNABHÄNGIGKEIT, ARBEIT, FORTSCHRITT UND LANGEWEILE (1871–1876)

Von 1871 an drückt sich Tschaikowskys wachsende künstlerische und menschliche Unabhängigkeit auch in seiner Lebensführung aus. Er zieht von Nikolaj Rubinstein weg, und zwar ohne daß dieser sich verletzt fühlte; die beiden blieben weiterhin gute Freunde. Modest berichtet darüber: «Somit war es Peter Iljitsch erst im 32. Lebensjahr vergönnt, ein ganz selbständiges Leben zu beginnen. Seine Freude darüber, endlich allein zu sein und sich innerhalb der Wände seiner neuen, drei Zimmer umfassenden Wohnung als unumschränkter Herrscher zu fühlen, war unbeschreiblich ... Ein ziemlich großes Sofa und einige billige Stühle – das war alles, was unser Komponist sich anschaffen konnte ... Er engagierte einen Diener, Michail Sofronow, der früher bei F. Laub in Stellung gewesen war. Diesen Michail Sofronow erwähne ich deshalb, weil Peter bis an seinen Tod mit ihm und seiner Familie Beziehungen unterhalten hat. Später vertrat die Stelle Michails dessen Bruder Alexej, der eine nicht unbedeutende Rolle im Leben Peter Iljitschs gespielt hat.»[49]

Wie sehr sich Tschaikowsky über seine spät erworbene Unabhängigkeit freute, geht auch aus einem Brief an seinen Bruder Nikolaj hervor: *Von mir kann ich nur berichten, daß ich mich nicht genug freuen kann über meinen Entschluß, mich von N. Rubinstein zu trennen. Trotz meiner Freundschaft zu ihm war mir das Zusammenwohnen mit ihm sehr lästig. Arbeite jetzt eifrig an meiner Oper, welche zum Ende dieses Jahres fertig werden soll.*[50]

Die Oper *Der Opritschnik* (*Der Leibwächter*), von der hier die Rede ist, wurde 1872 beendet und 1874 uraufgeführt. Wieder war das Bühnenwerk ein Fehlschlag, aber Tschaikowsky erkannte dessen Schwächen und

Milij A. Balakirew. Zeichnung von L. Bakst

versuchte, spätere Aufführungen zu verhindern. An seinen Lieblingsschüler Tanejew schrieb er: *Diese Oper ist so schlecht, daß ich es bei den Proben nicht aushalten konnte und davonlief, um keinen Ton mehr zu hören; in der Vorstellung war mir zumute, als müsse ich versinken vor Scham . . . Keine Handlung, kein Stil, keine Inspiration. Die Hervorrufe und das Beifallsklatschen in der ersten Vorstellung bedeuten gar nichts, denn erstens waren viele meiner Freunde und Bekannten im Theater, und zweitens habe ich mich schon früher vorteilhaft eingeführt.*[51]

Bis zum Jahre 1877 führte Tschaikowsky das Dasein eines durch seine Lehrtätigkeit an Moskau gebundenen Professors, der die Ferienzeit dazu nützte, zu reisen. Den Sommer 1871 verbrachte er hauptsächlich in Kamenka, aber auch bei seinem Freund Nikolaj Kondratjew in Nisy (Gouvernement Charkow in der Ukraine) und bei der Familie Schilowsky in Ussowo (Gouvernement Tambow). Mit den beiden Söhnen dieser

Sergej I. Tanejew

Familie blieb Peter Iljitsch Jahre hindurch in freundschaftlichem Kontakt; Konstantin half ihm bei dem Entwurf des Librettos für die Oper *Eugen Onegin*; Wladimir, der jüngere, gehörte zu seinen Lieblingsschülern und begleitete ihn auf Reisen. Die Stille und Einsamkeit des von Wiesen und Wäldern umgebenen Ussowo hat Tschaikowsky besonders geliebt. Er kehrte immer wieder dorthin zurück.

Während der Weihnachtsferien 1871/72 fuhr er auf Einladung Wladimir Schilowskys über Berlin und Paris nach Nizza, wo er drei Wochen verbrachte. Im Sommer 1872 ging er wieder nach Kamenka, Nisy und Ussowo; 1873 fuhr er nach Kamenka, Nisy, Kiew, Krakau, Breslau, Dresden, Köln, Zürich, Bern, Vivey, Genf, Mailand, Paris und Ussowo. Diese ganze lange Reise dauerte nur ungefähr zwei Monate (vom 1. Juni bis Anfang August). Wenn man die damaligen Verkehrsverhältnisse bedenkt, fragt man erstaunt, was Tschaikowsky zu dieser Hast veranlaßt hat. Hierzu eine Eintragung aus Tschaikowskys damaligen Tagebuch, die seine gespaltene Natur offenbart: *Habe Pissevache und die Gorges du Trient besucht. Bestieg einen unbekannten Berg, speiste im Grand Hotel des Gorges du Trient zu Mittag und habe viel Geld ausgegeben. Erwarte die Antwortdepesche von Sascha. Inmitten der großartigen Natur und der Eindrücke eines Touristen sehne ich mich doch sehr nach Rußland zurück. Bei dem Gedanken an die weiten Ebenen, Wiesen und Wälder der Heimat will mir das Herz schier zerspringen. Oh, mein geliebtes Vaterland, hundertfältig schöner und anmutiger bist du als diese wundervollen Bergungetüme, die doch eigentlich nichts anderes sind als versteinerte Zuckungen der Erde! ... Übrigens ist es immer da schöner, wo wir nicht sind! ...*[52]

Ebenso aufschlußreich ist der Auszug aus einem Brief, den Tschaikowsky fünf Jahre später an Frau von Meck schrieb: *Ich bin damals aus Paris zu einem Freund von mir aufs Land in das Gouvernement Tambow gekommen. Dieser Freund mußte aber ... nach Moskau reisen, so daß ich ganz allein blieb in der herrlichen Oase der südrussischen Steppen. Ich befand mich geradezu in einer exaltiert-seligen Stimmung, streifte am Tage durch die Wälder, abends spazierte ich im tiefen Tal, und in den Nächten lauschte ich, am offenen Fenster sitzend, der feierlichen Stille ringsum, welche nur hin und wieder durch irgendeinen unbestimmten Laut unterbrochen wurde. Während jener zwei Wochen habe ich ohne die geringste Mühe – gleichsam als wenn ich von einer übernatürlichen Kraft geleitet worden wäre – meinen «Sturm» skizziert.*[53]

Im April 1874 befindet sich Tschaikowsky trotzdem wieder im Ausland. Enttäuscht von seinem eigenen Werk war er nach der bereits erwähnten Uraufführung der Oper *Opritschnik* geradewegs nach Italien gefahren. Aus Venedig schreibt er an seinen Bruder Modest: *Statt ins Ausland zu reisen und Geld zu verschwenden, hätte ich eigentlich Deine und Anatols Schulden bezahlen sollen – statt dessen eile ich aber, den herrlichen Süden zu genießen. Der Gedanke an meinen Geiz und Egoismus hat mich so gequält, daß ich jetzt erst, beim Schreiben dieser Zeilen, einige Erleichterung fühle. So vergib mir denn, mein lieber Modi, daß ich mich selbst mehr liebe als Dich und die übrige Menschheit ... Venedig ist eine Stadt, in welcher ich – wenn ich längere Zeit hier bleiben müßte –, mich schon am fünften Tage vor Verzweiflung erhängt haben würde.*[54]

Aus Florenz berichtet er:

In Neapel kam es so weit, daß ich täglich bittere Tränen vergoß vor lauter Heimweh und Sehnsucht nach lieben Wesen. In solchen Momenten der schwarzen Melancholie bin ich bereit, alles hinzugeben, um ein liebes Gesicht neben mir zu sehen ...

In Florenz hatte ich nur Zeit, die Hauptstraßen zu durchlaufen, welche mir sehr gefallen haben. Rom ist mir verhaßt, Neapel auch, mag's der Teufel holen! Es gibt nur eine Stadt in der Welt, und das ist – Moskau –, übrigens vielleicht auch noch Paris.[55]

Das waren Tschaikowskys erste Eindrücke von Italien, die er allerdings später revidierte.

Den Sommer 1874 verbrachte er wieder in Nisy bei den Kondratjews und in Ussowo bei den Schilowskys. In dieser kurzen Zeit entstand die Oper *Wakula der Schmied*, die Tschaikowsky später umarbeitete und in *Tscherewitschi* umbenannte. Modest Tschaikowsky bemerkt dazu: «Peter Iljitsch hat für die Herstellung der ganzen Oper keine drei Monate gebraucht. Mit einer solchen Schnelligkeit hat er kaum ein einziges seiner Werke komponiert. Allerdings ist auch keine seiner Opern unter einer so lange anhaltenden Inspiration entstanden und mit so viel Lust und Liebe gearbeitet worden. Auch in der Folge blieb in Peter Iljitsch eine große Anhänglichkeit, ja Zärtlichkeit zu seinem *Wakula* zurück.»[56]

Während der Sommerferien des Jahres 1875 wohnte und arbeitete Tschaikowsky wieder in Ussowo und Nisy, einige Wochen verlebte er bei seiner geliebten Schwester Sascha und deren Mann, Lwow W. Dawidow in Kamenka, wo er auch seinen Vater und seinen Bruder Anatol traf. Das Gut der Dawidows gefiel Tschaikowsky so gut, daß Ussowo allmählich an Reiz für ihn verlor.

Während der Winterferien 1875/76 reiste er mit seinem Bruder Modest nach Paris, wo er einen der stärksten musikalischen Eindrücke seines Lebens empfing: «Während unseres Aufenthalts in Paris wurde in der Opéra Comique ‹Carmen› gespielt . . . Noch nie hatte ich Peter Iljitsch nach einer Theatervorstellung so aufgeregt gesehen. Das hat nicht nur die Musik und die ihm bis dahin noch unbekannte Instrumentation der Partitur bewirkt, sondern nicht zum wenigsten das hervorragende Spiel der Sängerin Galli-Marié, welche die Titelrolle sang . . . Zum Andenken an jenen Abend kaufte sich Peter Iljitsch ein Bild Bizets . . .»

Mitte Juni 1876 fuhr er zu einer Kur nach Vichy. Im *verfluchten, widerwärtigen Vichy* hielt er es jedoch nur zehn Tage lang aus und verbrachte anschließend wieder einige Wochen mit Modest. Anfang August war er in Bayreuth, um die Uraufführung des gesamten Wagnerschen «Ring des Nibelungen» mitzuerleben und darüber für die «Russischen Nachrichten» zu berichten. Seine Eindrücke von diesem großen Ereignis, bei dem die Prominenz ganz Europas anwesend war, teilt er Modest ungeschminkt mit:

. . . Bayreuth hat eine unangenehme Erinnerung in mir hinterlassen, obwohl meinem Künstlerehrgeiz mehr denn einmal geschmeichelt worden ist. Es erwies sich, daß ich in den Abendlanden gar nicht so unbekannt bin, wie ich glaubte. Die unangenehme Erinnerung rührt aber von dem ununterbrochenen Getümmel her, das ich mitmachen mußte. Am Donnerstag war es endlich zu Ende. Nach den letzten Akkorden der «Götterdämmerung» fühlte ich mich wie aus einer Gefangenschaft befreit. Die «Nibelungen» mögen in der Tat ein großartiges Werk sein, gewiß ist aber auch, daß es noch nie eine so unendliche und so langweilige Faselei gegeben hat. Die Auftürmung der kompliziertesten und ausgetifteltsten Harmonien, die Farblosigkeit des Gesangs auf der Bühne,

Schwester Alexandra mit ihrem Mann, dem Gutsbesitzer Lwow W. Dawidow in Kamenka, 1860

die unendlich langen Monologe und Dialoge, das Dunkel des Zuschauerraums, die Abwesenheit jeglicher Poesie, jeglichen Interesses der Handlung – Alles das hat meine Nerven bis zum letzten Grade ermüdet. Also das ist es, was die Reform Wagners erstrebt! Früher war man bemüht, die Leute durch die Musik zu erfreuen – Heutzutage, jedoch, quält man sie.

Freilich sind auch schöne Stellen darin; im großen und ganzen ist's aber zum Sterben langweilig. Wieviel tausendmal herrlicher ist das Ballett «Sylvia»![57]

In seinen Zeitungsberichten drückt sich Tschaikowsky vorsichtiger aus. Er übt zwar scharfe Kritik, schließt aber mit der Bemerkung:

Plakat für die «Carmen»-Aufführung von 1875

... wenn auch das Resultat seiner enormen Arbeit später der Vergessenheit anheimfallen und im verlassenen Bayreuther Theater einen ewigen Schlaf schlafen sollte, so bedeutet der «Ring des Nibelungen» dennoch ein welterschütterndes Ereignis, ein epochemachendes Kunstwerk ...[58]

Erschöpft fuhr Tschaikowsky von Bayreuth über Wien direkt nach Kamenka, wo er schwerwiegende Entschlüsse faßte, auf die wir zurückkommen werden.

Georges Bizet

Wie Tschaikowsky an Modest schrieb, wurde ihm erst in Bayreuth klar, daß sein Ruf als Komponist über die Grenzen Rußlands gedrungen war. Wenn er sich darüber wunderte, so keineswegs aus falscher Bescheidenheit. Vielmehr wußte er, daß die im Ausland kaum bekannte russische Musik dort zu seinem Bedauern wenig Ansehen genoß.

In der europäischen Musikgeschichte ist Rußland ja in der Tat ein Spätling. Noch im 18. Jahrhundert führte es ein abgeschirmtes kulturelles und politisches Dasein, das von den Geschehnissen außerhalb des Landes kaum berührt wurde und keinen Einfluß auf den Lauf des europäischen Geschehens ausübte. Die bodenständige russische Kultur war nicht für den Export geeignet, auch wenn (oder vielleicht gerade weil) sie einen eigenen Charakter besaß. Was die Musik betrifft, so wurde fast alles importiert: die Sänger, die Instrumentalisten und natürlich die Kompositionen, die aufgeführt wurden. Einheimische Kirchen- und Volksmusik blieben von der maßgebenden, vornehmlich adeligen Gesellschaft unbeachtet.

Erst von der Regierungszeit Kaiserin Katharinas II. an kann man überhaupt von einem Musikleben in Rußland sprechen. «Katharina die Große» (1762–96) verpflichtete Meister wie Traetta, Galuppi und Sarti an ihren Hof und förderte damit eine Vorliebe für die italienische Musik, die bis tief ins 19. Jahrhundert andauerte. Für die Entwicklung einer

Donnerstag, 17. Aug. 1876.

Fremdenliste No. 4.

Erscheint je nach Bedürfniss während der Bühnen-Festspiele. — Preis: 30 Pf.

4

Name und Stand	Woher	Wohnt
Petersen, Gertraut, Bürgermeisterstochter	Hamburg	Maxstrasse 17
Phillips. H., Kunstmaler	München	Schrollengasse 325.
Piglhein, B., Kunstmaler	München	Schrollengasse 325.
Pott, Emil, Dr. phil.	Graz-München	Erlangerstrasse 540.
Rath, v. Ernst, mit Frau	Koberwitz, Schl.	Maxstr. 27.
Riedel, Gustav Karl, Privatier	Bonn	Dammallee 442¼.
Reichenheim, Julius, Fabrikant	Berlin	Maxstrasse 105
Rubinstein, Nicolaus, Director des Moskauer Conservatoriums	Moskau	Bürgerreutherstr. 671

10

Name und Stand	Woher	Wohnt
Teblee, Auguste, Kaufmannsgattin	Mainz	Rennweg 289.
Treitschke, Friedrich, mit Frau	Erfurt	Maxstrasse 87.
Tschachovshy, Peter, Professor	Moskau	Bürgerreutherstr. 671
Tongen, Kaufmann	Bremen	Marktstrasse Möbel-

Aus der Fremdenliste im Eröffnungsjahr der Bayreuther Festspiele, 1876

eigenständigen russischen Musik bildete sie allerdings ein großes Hindernis.

In der ersten Hälfte des 19. Jahrhunderts erfuhr das russische Musikleben Auftrieb durch einige namhafte ausländische Musiker – wie den sonderbaren Iren John Field und den Deutschen Adolphron Henselt –, die sich in St. Petersburg angesiedelt hatten. Große Interpreten (z. B. Berlioz, Liszt und andere) machten Abstecher nach Rußland, wobei sie sich mehr für Rubel als für einheimische Musik interessierten.

Jetzt tauchen die ersten russischen Komponisten auf, die ihren westlichen Kollegen ebenbürtig sind – in erster Linie Michail I. Glinka (1804–57), der mit Recht als Vater der russischen Musik gilt. Richard H. Stein charakterisiert seine Stellung folgendermaßen: «Nicht daß er die Lieder seines Volkes in seinen Hauptwerken verwandte, sondern daß er diese aus dem Geiste der Volksmusik heraus schuf, ist sein bleibendes Verdienst . . . Daß Glinka in Italien singen gelernt hat und daß er den Einfluß der Italiener, die er haßte, vergeblich abzuschütteln suchte, zeigt sich beim Studieren seiner Partituren sehr bald. Unbewußt sind ihm zuweilen die russischen Melodien in italienischen Melismen zerflossen . . .»[59]

Tschaikowsky, der Glinka geradezu vergötterte, war klug genug, um auch seine Schwächen zu erkennen: *Wir mögen noch so stolz auf Glinka sein, wir müssen doch eingestehen, daß er seine Aufgabe nicht ganz erfüllt hat. Seine beiden Opern laborieren vielfach an einer erstaunlichen Ungleichmäßigkeit; neben genialen Stellen von unvergänglicher Schönheit finden sich ganz kindisch naive und schwache Nummern. Was hätte er erreicht, wenn er in anderer Umgebung gelebt, wenn er gearbeitet hätte wie ein Künstler, der sich seiner Kraft und seiner Pflicht bewußt ist, und nicht wie ein Dilettant, der aus Langeweile Musik macht.*[60]

Ein Pionier der russischen Musik war auch Alexander S. Dargomyschsky (1813-69); und zwar nicht nur wegen seiner Opern «Russalka» (1855) und «Der steinerne Gast» (postum), sondern auch infolge seines Einflusses auf die jungrussische Schule, auf die fünf «Novatoren», deren Spiritus rector er war. Seine Theorien bestimmten zum großen Teil den Weg des «Mächtigen Häufleins». Im übrigen waren die «Fünf», ebenso wie er selbst, hauptsächlich Autodidakten und Dilettanten. Stein stellt fest: «Was die ‹Fünf› von Tschaikowsky so scharf scheidet, ist ihre naive revolutionäre Gesinnung: Tschaikowsky wußte, daß man die Mu-

Das Festspielhaus in Bayreuth. Zeichnung, 1876

sik von Jahrhunderten nicht einfach beiseite schieben kann, um eine gänzlich neue zu machen. Und er lächelte im stillen über den Versuch, so zu schreiben, als ob die großen Meister anderer Länder überhaupt nicht gelebt hätten.»[61]

Tschaikowsky war der erste russische Komponist, der Weltruhm erlangt hat. Mussorgskys Werke wurden erst später außerhalb Rußlands bekannt. Und jene drei Meister, die es mit Tschaikowsky aufnehmen können, Prokofjew, Schostakowitsch und – der bedeutendste von allen – Strawinsky, traten erst im 20. Jahrhundert hervor.

Von den Werken, die Tschaikowsky während seiner Moskauer Lehrtätigkeit komponierte, werden heute nur noch wenige anerkannt. Die Opern *Der Wojewode* und die niemals aufgeführte *Undine* waren mißlungen. *Der Opritschnik* hatte wenig, *Wakula der Schmied* dagegen beachtlichen Erfolg. Von den drei Symphonien ist nur die erste bemerkenswert. Die Musik zu *Schneewittchen* fand kaum ein Echo. Das 1874 komponierte Ballett *Schwanensee*, ein Meisterwerk, wurde erst 1877 uraufgeführt, und zwar nur mit geringem Erfolg. Erst 1895, als Marius Petipa seine einmalige Choreographie dazu kreierte, begann der Triumphzug dieses seither zum ständigen Ballett-Repertoire gehörenden Stückes. In dieser Zeitspanne entstanden viele kleinere Werke: Klavierstücke und Lieder, darunter auch das populäre *Nur wer die Sehnsucht kennt*. Ein Komponist gelangt aber nicht durch kleine Werke zu Weltruhm, selbst wenn diese noch so attraktiv sind. Die Anerkennung, die Tschaikowsky 1876 in Bayreuth zuteil wurde, ging eigentlich nur auf drei oder vier Kompositionen zurück, durch die zunächst die Fachkreise und dann das Publikum auf ihn aufmerksam wurden.

Es war in erster Linie die Fantasie-Ouvertüre *Romeo und Julia* (1870), die Tschaikowsky bekannt machte. Nachdem der große Dirigent Hans Richter das Werk propagiert hatte, wurde es in fast allen europäischen Ländern aufgeführt. Zwar fand es nicht überall Zustimmung (es wurde sogar öfters ausgepfiffen), aber es machte seinen Autor populär. Auch das 1870 komponierte *Erste Streichquartett* op. 11 trug zu Tschaikowskys Ruf bei, hauptsächlich wegen seines anmutigen zweiten Satzes, der in der ganzen Welt als d a s Andante Cantabile bezeichnet wird. Hier gelingt es Tschaikowsky, ein schlichtes, melancholisches Volkslied, das er in Kamenka gehört hatte, «in die höheren Sphären der Kunstmusik emporzuheben, ohne ihm das Wesentliche zu nehmen» (Stein). Tschaikowsky schrieb mit diesem Satz eine urrussische Musik. *Niemals in meinem Leben habe ich mich so geschmeichelt und so stolz über meine schöpferische Befähigung gefühlt wie in dem Augenblick, da Leo Tolstoi neben mir mein Andante hörte und ihm Tränen über die Wangen liefen . . .* lautet ein Eintrag vom Jahre 1877 in seinem Tagebuch.[62]

Die Komposition, die am Anfang von Tschaikowskys großer Karriere steht, ist das 1874 komponierte *Erste Klavierkonzert*. Ursprünglich hatte

Aus «Ulk», Berlin 1876

er das Werk für Nikolaj Rubinstein geschrieben, dem es auch gewidmet werden sollte. Eines Abends spielte er es Rubinstein und einem anderen Bekannten vor. Wie die beiden reagierten, schildert Tschaikowsky drei Jahre später in einem Brief an Frau von Meck:

Ich spielte den ersten Satz. Nicht ein Wort, nicht eine Bemerkung ... Ich fand die Kraft, das Konzert ganz durchzuspielen. Weiterhin Schweigen. «Nun?» fragte ich, als ich mich vom Klavier erhob. Da ergoß sich

Franz Liszt

ein Strom von Worten aus Rubinsteins Mund. Sanft zunächst, wie wenn er Kraft sammeln wollte, und schließlich ausbrechend mit der Gewalt des Jupiter Tonans. Mein Konzert sei wertlos, völlig unspielbar. Die Passagen seien so bruchstückhaft, unzusammenhängend und armselig komponiert, daß es nicht einmal mit Verbesserungen getan sei. Die Komposition selbst sei schlecht, trivial, vulgär. Hier und da hätte ich von anderen stiebitzt. Ein oder zwei Seiten vielleicht seien wert, gerettet zu werden; das Übrige müsse vernichtet oder völlig neu komponiert werden.[63]

Rubinsteins Vorschlag, das Klavierkonzert umzuarbeiten, befolgte Tschaikowsky keineswegs. Ohne auch nur eine Note zu ändern, schickte und widmete er die Partitur dem berühmten Pianisten und Dirigenten Hans von Bülow. «Ich bin stolz auf die Ehre, die Sie mir mit der Widmung dieses herrlichen Kunstwerkes erwiesen haben, das hinreißend in jeder Hinsicht ist», antwortete Bülow[64], der das Klavierkonzert dann in Boston uraufführte und es auch in New York und in verschiedenen Städten Europas spielte. Er gehörte zu den ersten, die die Bedeutung des Russen erkannt haben. So schrieb er schon 1874 in der angesehenen «Allgemeinen Musikzeitung»: «Wir kennen zur Zeit nur einen, der gleich Glinka unermüdlich strebend sich bemüht und dessen bisher gelieferte Arbeiten, obwohl er noch nicht zu der seinem Talent entsprechenden völligen Reife gelangt, doch bereits die sicherste Bürgschaft in sich tragen, daß diese Reife nicht ausbleiben wird. Es ist dies der in jugendlichem Mannesalter stehende Kompositionsprofessor am Kaiserlichen Konservatorium in Moskau, Herr Tschaikowsky.»[65]

Wo immer Tschaikowsky sich aufhielt, ob in Rußland, im westlichen Europa oder in den USA, nahm das Komponieren in seinem Leben den ersten Platz ein, bedeutete es doch für ihn eine Art «seelischer Rettung». Trotzdem wurde er ständig unzufriedener mit sich selbst und litt während seiner Moskauer Professorenzeit immer wieder unter Depressionen und Nervenkrisen. Gewiß trugen dazu außermusikalische und persönliche Umstände bei, in die wir nie volle Einsicht haben werden. In einem Brief an seinen Bruder Anatol vom 9. (21.) März 1874 beklagt er sich: *... das Fehlen eines lieben Wesens empfinde ich bei Anfällen von Hypochondrie sehr schmerzlich. Den ganzen Winter hindurch war ich unausgesetzt traurig gestimmt, was mich oft an den Rand der Verzweiflung brachte und den Tod wünschen ließ.*[66]

Modest weist «auf jenes moralische Leiden» hin, «von dem Peter Iljitsch in dieser Saison ergriffen wurde und das sich im Laufe der Zeit

«Schwanensee». Uraufführung in Moskau, 4. März 1877

stetig verschärfte, bis es im Jahre 1877 zu einer schrecklichen Krisis kam und für unseren Komponisten beinahe verhängnisvoll geworden wäre. Die Selbständigkeit, die neuen freundschaftlichen Beziehungen hatten ihn mit seinem Dasein ausgesöhnt, und seine Liebe für Moskau, d. h. für die Lebensweise, die er damals führte, erreichte ihren Höhepunkt. Für kurze Zeit verstummt sein Seufzen nach etwas Besserem. Aber schon Ende 1872 äußert sich – wenn auch noch sehr selten und in sehr leichter Form – seine Unzufriedenheit, seine Sehnsucht, aus den ihn umgebenden Verhältnissen herauszukommen.

Im November 1875 verschärft sich das chronische Leiden schon sehr. Es kommt nicht mehr zeitweise, sondern quält ihn fast ununterbrochen . . . Die Hauptursache seiner Verstimmung sucht er in der Abwesenheit ihm *nahestehender Menschen* und erblickt die Möglichkeit einer Genesung nur in der Nähe eines *liebenden Wesens,* welches allein ihn von der *quälenden Einsamkeit retten könnte.* Ich muß diesen Irrtum Peter Iljitschs hier ganz besonders betonen, weil er immer mehr und mehr zu einer idée fixe auswuchs und den Komponisten zu einem wahnsinnigen Schritt verleitete, der ihn beinahe umgebracht hätte.»[67]

Dieser wahnsinnige Schritt, der Entschluß zu heiraten, wird im übernächsten Kapitel behandelt werden.

Man fragt sich, was Tschaikowsky dazu befähigte, trotz all dieser seelischen Qualen fanatisch weiterzukomponieren, um so mehr, als er neben seiner schöpferischen Arbeit die ihm verhaßte Lehrtätigkeit ausüben mußte. Dazu kam sogar noch eine dritte Tätigkeit, die ihn, wenn auch nur nebenberuflich, beschäftigte: die des Musikkritikers.

TSCHAIKOWSKY ALS MUSIKKRITIKER

Wie so mancher andere Komponist hat auch Tschaikowsky – allerdings nur relativ kurze Zeit – Musikkritiken verfaßt. Im Jahre 1871 übernahm er den Kritikerposten an der Moskauer Zeitung «Ruskie Vedomosti» [Russische Nachrichten]. Für sie sowie für eine andere Moskauer Zeitschrift schrieb er eine Reihe von Artikeln, die mit seinen Berichten aus Bayreuth im Jahre 1876 abgeschlossen wird.

Es wäre übertrieben, Tschaikowsky solchen Kritiker-Komponisten wie Schumann und Berlioz gleichzustellen, die Wesentliches auf kunstkritischem Gebiet geleistet haben. Auch mit Liszt oder Wagner, deren Schriften eine Art künstlerisches Credo bzw. eine Verteidigung eigener Anschauungen darstellte, läßt er sich nicht vergleichen. Die meisten Kritiken, die Tschaikowsky schrieb, befassen sich mit spezifischen Konzerten und Opernaufführungen. Andere behandeln in essayistischer Form ein musikalisches Werk oder einen Komponisten, ausgehend von einer öf-

Hans Richter. Aus «Wiener Luft», 1891

fentlichen Aufführung. Neben solchen in der Presse veröffentlichten Artikeln finden sich viele kürzere oder längere musikkritische Passagen in Tschaikowskys umfangreichem Briefwechsel, die oft interessanter und aufschlußreicher sind als die Aufsätze, die er für die Zeitung verfaßte, und die ebensoviel, wenn nicht noch mehr, über Tschaikowsky als Kritiker aussagen. Mit der Musik seiner Zeit hat er sich intensiv auseinandergesetzt. Er ließ sich Werke anderer Komponisten schicken, die er gründlich studierte und am Klavier durchnahm. Auch spielte er mit Modest und Freunden viele vierhändige Bearbeitungen symphonischer Werke. Auch die sich daraus ergebenden spontanen Äußerungen werden in diesem Kapitel berücksichtigt, denn sie offenbaren Gedanken, Vorurteile, Neigungen und, nicht zuletzt, Fehlurteile, die das Bild Tschaikowskys vervollständigen.

Tschaikowskys Meinungen wirken nicht selten verblüffend: manchmal durch ihre Einsicht, manchmal auch durch ihre Abwegigkeit. Wie in allem, was er tat, ließ er sich auch in seinen Kritiken von höchst persönlichen Ansichten leiten und verleiten.

Hier kann nur eine kleine Auswahl zitiert werden, die für die musikalische Mentalität Tschaikowskys besonders aufschlußreich ist. Aus praktischen Gründen ist sie nicht chronologisch, sondern alphabetisch, nach Komponisten, geordnet.

Auber. *Einen erfrischenden Eindruck machen auf mich die Opern «Die Stumme von Portici» und «Fra Diavolo» von Auber, der, wenn er auch kein Komponist ersten Ranges ist, doch viele Vorzüge besitzt. Wie alle guten französischen Komponisten zeichnet sich Auber durch Eleganz und Sauberkeit der Harmonieführung, durch Reichtum an anmutigen und wirkungsvollen Melodien und gefällige Instrumentierung aus. Leidenschaft, Schwung und hohe Begeisterung darf man von ihm allerdings nicht erwarten . . .* (1872)[68]

Bach, J. S. *Ich kann wohl sagen, daß ich Bach gerne spiele, weil das Spielen einer guten Fuge unterhaltend ist, aber ich erblicke in ihm nicht ein großes Genie . . .* (1879)[69]

Balakirew. *Trotz seiner hervorragenden Begabung hat er viel Unheil gestiftet. So richtete er zum Beispiel Korsakow zugrunde, als er ihm einredete, das Lernen sei schädlich. Er ist überhaupt der Erfinder der Theorien dieses seltsamen Kreises, in dem soviel urwüchsige, falsch geleitete und vorzeitig vernichtete Talente vereinigt sind . . .* (1877)[70]

Beethoven. *Ich bin nicht geneigt, den Leitsatz von der Beethovenschen Unfehlbarkeit zu verkündigen, und wenn ich auch nicht im geringsten seine große historische Bedeutung leugne, so halte ich doch das bedingungslose und selbstverständliche Staunen über jedes seiner Werke für unangebracht. Aber unbestreitbar ist es, daß Beethoven in einigen seiner symphonischen Werke eine Höhe erreichte, auf der kein oder doch fast kein anderer Komponist neben ihm steht.* (1871)[71]

Berlioz. *Berlioz stellt in der Geschichte der Kunst eine ebenso markante wie auffällige Erscheinung dar. Obwohl er auf gewissen Gebieten seiner Kunst auf dem Wege zum Ideal eine Höhe erreicht hat, bis zu der wenige Künstler gelangten, schuf er kein einziges Werk, das jenes Gleichgewicht, jene Allseitigkeit der technischen Vollkommenheit und jenes Übereinstimmen der Tiefe des Inhalts mit der Schönheit der Form gezeigt hätte, die den größten Werken der Kunst eigen sind . . .* (1873)[72]

Bizet (über «Carmen»). *Das ist im wahrsten Sinne des Wortes ein Meisterwerk, das heißt eine jener seltenen Kompositionen, die im höchsten Grade das musikalische Streben eines ganzen Zeitalters widerspiegeln . . . Bizet ist ein Künstler, der mit seiner Zeit geht, aber doch von echter Inspiration durchglüht wird.* (1880)[73]

Borodin. *Borodin ist sogar sehr begabt, doch sein Talent ist infolge von Mangel an theoretischen Kenntnissen nicht zur Entwicklung gelangt, da das blinde Schicksal ihn der Chemie statt der Musik zuführte. Leider besitzt er weniger Geschmack als Cui, und seine Technik ist so schwach, daß er keine Zeile ohne fremde Hilfe schreiben kann . . .* (1877)[74]

Brahms. *Für mich hat er gar keinen Reiz. Ich finde, daß er sehr dunkel und kalt ist, dabei voller Prätention, aber auch ohne rechte Tiefe . . .* (1877)[75]

Cui. *Auch die Oper Cuis «Der Gefangene im Kaukasus» habe ich erworben. Dieselbe ist grenzenlos nichtssagend, schwach, kindisch naiv. Am merkwürdigsten ist, daß ein Kritiker, der sein Leben lang die Routine bekämpft hat, an seinem Lebensabend eine bis zur Unverschämtheit routinemäßige Oper schreibt . . .* (1883)[76]

Delibes (über das Ballett «Sylvia»). *Noch nie habe ich in einem Ballett eine derartige Grazie, so großen Melodienreichtum, so viel Rhythmus und eine so hervorragende Instrumentierung erlebt. Es ist wirklich nicht falsche Bescheidenheit, wenn ich Ihnen sage, daß «Schwanensee» gar nicht mit «Sylvia» verglichen werden kann. Ich war bezaubert!* (1877)[77]

Glinka. *Wenn wir im musikalischen Pantheon einen Platz für Glinka suchen, so könnte er – entsprechend der Kraft seines gewaltigen schöpferischen Genies – in einer Reihe mit den größten Vertretern seiner Kunst stehen. Aber das ist es ja eben: das Schicksal bot ihm nicht jene Umwelt, jene Entwicklungsbedingungen, die für die völlige Entfaltung seiner großartigen Begabung nötig gewesen wären. Er war ein Riese im Mäntelchen des Dilettantismus!* (1872)[78]

Gounod. *Gounods künstlerisches Schaffen ist für mich überhaupt ein Rätsel. Zweifellos ist der «Faust» mit großer Meisterschaft komponiert worden, die, wenn auch nicht genial, immerhin Eigenart verrät. Doch alles, was er nach dem «Faust» geschrieben hat, ist schwach, talentlos. Ein einzigartiger Fall in der Geschichte der Musik.* (1878)[79]

Grieg. *Es ist möglich, daß Grieg viel weniger Meisterschaft besitzt als Brahms, weniger hochfliegende Pläne verfolgt und der Neigung bodenloser Tiefe gänzlich entbehrt, aber dafür steht er uns menschlich viel näher. Beim Anhören von Griegs Musik fühlen wir instinktiv, daß hier ein Mann zu uns spricht, der die überquellenden Empfindungen und Stimmungen einer hochpoetischen Natur in Töne ergießen will, die sich weder Theorien noch vorgefaßten Prinzipien unterwerfen, sondern allein dem Drange eines lebhaften und innigen künstlerischen Gefühls folgen . . .* (1888)[80]

Halévy. *Halévy, der seine musikalische Ausbildung in Paris erhielt, ist frei von allen Nebeneinflüssen. In seinen Opern ist er vor allen Dingen Franzose, ganz durchdrungen vom Geist der französischen Opernschule mit all ihren Vorzügen, Fehlern und ihrer Routine.* (1872)[81]

Haydn. *Haydns Werke sind ein notwendiges und starkes Glied in der Kette der symphonischen Kompositionen . . . Aber wenn man die unschätzbaren historischen Verdienste Haydns erwähnt, darf man nicht vergessen, daß er keine Begabung hohen Fluges war, daß er nicht weiter ging als bis zu «klein» und «niedlich» und kein einziges Mal jene geheimnisvollen Saiten der menschlichen Seele streifte, aus denen spätere Komponisten so viel erschütternde, tief-pathetische Töne zogen . . .* (1873)[82]

Liszt. *Seine Kompositionen lassen mich kalt; sie verraten mehr poetische Absichten als echte schöpferische Kraft, mehr Farbe als Form, mehr äußeren Glanz als inneren Gehalt, so ganz im Gegensatz zu Schumann . . .* (1881)[83]

Massenet (über «Manon Lescaut»). *Die Musik ist sehr anmutig, klug und voller Sorgfalt komponiert, doch es fehlt jeder Funke an echter Inspiration. Trotz der ausgezeichneten Aufführung empfand ich schließlich eine derartige Langeweile, daß ich nur mit Mühe bis zum Schluß blieb.* (1884)[84]

Mendelssohn. *Mendelssohn wird immer ein Muster der Stilreinheit bleiben und als scharf gezeichnete musikalische Individualität anerkannt werden, die zwar vor dem Strahlenglanz eines Genies wie Beethoven erblaßt, aber sich aus der ungeheuren Schar der handwerksmäßigen Musiker deutscher Schule turmhoch abhebt.* (1872)[85]

Meyerbeer. *Er vereinigte in sich den reichbegabten Künstler mit dem willfährigen Sklaven gegenüber den Launen der in ästhetischer Hinsicht rohen großen Masse. Diese Berücksichtigung der niederen Instinkte des französischen Boulevardpublikums hat den Maestro öfters vom rechten Wege abgelenkt.* (1872)[86]

Mozart. *Weder deprimiert noch erschüttert mich Mozarts Musik, aber sie bezaubert mich: Ihr zu lauschen bereitet mir ungetrübte Freude, löst ein Gefühl der Wärme in mir aus, ruft ein Empfinden hervor, als habe ich eine gute Tat vollbracht . . . Je länger ich lebe, je tiefer ich in Mozarts Musik eindringe, um so mehr liebe ich sie.*[87]

Mussorgsky. *Mussorgsky kokettiert geradezu mit seiner Unkenntnis der Theorien, ist stolz auf sein Unwissen und komponiert, von der Unfehlbarkeit seines Genies überzeugt, wie es ihm gerade einfällt. Trotzdem blitzt oft ein sehr urwüchsiges Talent in ihm auf.* (1877)[88]

Rimsky-Korsakow. *Rimsky-Korsakow ist noch ein Jüngling, der seine ganze Zukunft vor sich hat. Unzweifelhaft wird dieser hochbegabte Musiker eine der schönsten Zierden unserer heimischen Kunst werden.* (1869)[89]

Saint-Saëns. *. . . er ist nur technisch geschickt und hat Geschmack. Das genügt für die kleinen symphonischen Kompositionen, von denen ihm manche sehr gut gelungen sind, doch zu einer Oper reicht das nicht. Vor allem überrascht die Armut an Melodik.* (1879)[90]

Schubert. *Was für ein unerschöpflicher Reichtum an melodischer Erfindung war in diesem Komponisten, der seine Laufbahn zu früh beendet hat! Welch ein Überfluß an Phantasie und welch scharf umrissene Eigenart!* (1872)[91]

Schumann. *Die Geschichte hat für Schumann noch nicht begonnen, erst in ferner Zukunft wird sich die Möglichkeit einer objektiv kritischen Beurteilung seiner schöpferischen Tätigkeit ergeben; aber unbestreitbar ist dieser Komponist für uns der markanteste Vertreter der zeitgenössischen musikalischen Kunst.* (1871)[92]

Thomas. *Ambroise Thomas ist ein erfahrener Musiker . . . dem aber jegliche Originalität fehlt. Seine Musik ist aus bunten Flicken von Meyerbeer, Gounod, Verdi, Auber zusammengesetzt, und zwar so geschickt, daß man nicht unterscheidet, wo eine Nachahmung aufhört und die andere anfängt . . .* (1872)[93]

Verdi. *Dieser Sohn des sonnigen Südens hat viel an seiner Kunst gesündigt, indem er die ganze Welt mit seinen abgeschmackten Leierkastenmelodien überflutete, aber vieles muß ihm verziehen werden um des unzweifelhaften Talents, der Innigkeit des Gefühls willen, die jeder der Verdischen Kompositionen eigen ist . . .*[94]

Wagner. *Die Faust-Ouvertüre ist die beste Komposition Wagners und gleichzeitig eines der ausgezeichnetsten Werke der deutschen symphonischen Literatur.* (1872)[95]

Was für ein Don Quichote ist doch dieser Wagner! Warum gibt er sich solche Mühe, Unmögliches zu erreichen, während ihn diese große Begabung befähigen würde, unendliche Schönheit zu schaffen, wenn er, voller Hingabe an sein Talent, dessen natürlichen Gesetzen folgte. Meiner Ansicht nach ist Wagner vor allem Symphoniker. Doch sein Genie wird durch Tendenz und seine Inspiration durch Theorien gehemmt, die er sich ausgedacht hat und unbedingt verwirklichen will . . . (1877)[96]

Indem ich das hohe Genie ehre, das die Einleitung zum «Lohengrin»

Wagner als Lohengrin. Aus «Iskra», St. Petersburg 1868

und den «Walkürenritt» schuf, und indem ich mich achtungsvoll vor dem Propheten beuge, erkenne ich doch die Religion nicht an, die er geschaffen hat. (1891)[97]

Weber. *Weber besaß keine so unversiegbare Quelle der Eingebung wie sein großer Zeitgenosse Beethoven. Seine erfinderische Fähigkeit ist einförmiger, er wiederholt sich häufig, seine Harmonik ist zuweilen dürftig und unbeholfen. Aber dafür gibt es fast keinen Künstler, dessen musikalische Persönlichkeit ebenso originell, eigenartig und gleichzeitig sympathisch wäre.* (1873)[98]

DAS SCHICKSALSJAHR 1877

Das wichtigste Jahr im Leben Tschaikowskys ist wohl das Jahr 1877: seine negativen und positiven Geschehnisse bestimmten in einem hohen Maße Peter Iljitschs künftiges Dasein.

Im September 1876 schrieb er an Modest: *Ich habe in dieser Zeit viel an Dich gedacht, und auch an mich: an meine Zukunft. Das Resultat meines Denkens ist der feste Entschluß, in den Stand der Ehe zu treten, mit wem es auch sei.*[99]

Man fragt sich, warum Tschaikowsky um jeden Preis heiraten wollte. Daß er allmählich mit seinem Professorendasein, mit seinen Freunden, mit sich selbst und mit der ganzen Welt immer unzufriedener geworden war, daß er immer wieder heftigen Nervenkrisen erlag, das alles geht aus den Äußerungen seines Bruders hervor. Doch sind Modests Versuche, dieses wachsende Unbehagen zu erklären, nicht ganz überzeugend. Man möchte vermuten, daß hier Umstände im Spiele waren, über die weder Modest noch Tschaikowsky selbst Konkretes aussagen wollen. Modest deutet nur etwas an, wenn er über das Jahr 1876 schreibt: «All diese Freuden und Leiden des häuslichen Lebens erscheinen ihm plötzlich als das richtige Mittel, seine Seele von dem moralischen Leiden, welches ihn die letzten Jahre hindurch so gequält hatte, zu retten.»[100]

Am 17. (29.) September 1876 schildert Tschaikowsky Modest das Wohlbehagen, *welches ich in meiner kleinen gemütlichen Wohnung empfinde, wenn ich abends heimkomme und ein Buch zum Lesen in die Hand nehme. In diesen Augenblicken hasse ich, wahrscheinlich nicht minder als Du, jene schöne Unbekannte, welche mich zwingen wird, meine Lebensweise zu verändern.*[101]

Drei Tage später teilt er seinem Bruder Anatol mit: ... *noch stehe ich nicht vor diesem Wendepunkt, ich denke nur oft an ihn und warte auf etwas, was mich zum Handeln anspornen könnte. Einstweilen, jedoch, üben die stillen Abende in meinem gemütlichen Heim, die Ruhe und Einsamkeit – ich muß es gestehen – einen großen Reiz auf mich aus. Es fröstelt mich geradezu, wenn ich daran denke, daß ich das alles aufgeben muß. Und doch muß es geschehen! ...*[102]

Und am 6. (18.) Oktober heißt es, in einem Brief an seine Schwester Sascha: *... Im Laufe der nächsten Monate will ich nur Umschau halten und mich ein wenig für den Ehestand vorbereiten, welchen ich aus vielerlei Gründen für mich von Notwendigkeit halte. Sei versichert, daß ich mich nicht unvorsichtigerweise in den Abgrund einer unglücklichen Verbindung stürzen werde.*[103]

Doch hat er genau das getan. Obwohl er seine übereilte Eheschließung vor allen, auch vor seinen Nächsten, eigentlich verheimlichen wollte, schrieb er am 23. Juni (5. Juli) 1877 an Anatol: *Ende Mai habe ich mich verlobt und wollte die Hochzeit Anfang Juli machen, ohne jemandem etwas davon mitzuteilen. Dein Brief hat mich aber unschlüssig gemacht. Erstens konnte ich einer Begegnung mit Dir nicht aus dem Wege gehen ... Zweitens habe ich gefunden, daß es doch nicht hübsch von mir wäre, ohne väterlichen Segen in den heiligen Ehestand zu treten. So habe ich denn beschlossen, mich schon jetzt zu offenbaren. Beiliegender Brief ist für Väterchen ...*[104]

Der erwähnte Brief an seinen Vater lautet, auszugsweise: *Meine Braut heißt Antonina Iwanowna Miljubkowa. Sie ist ein armes, aber gutes und unbescholtenes Mädchen, welches mich sehr lieb hat. Liebes Väterchen, Du weißt, daß man in meinem Alter nicht unüberlegt zu heiraten pflegt, darum sei ohne Sorge. Ich bin überzeugt, daß meine zukünftige Gattin alles aufbieten wird, mein Leben ruhig und glücklich zu machen ...*[105]

Was er drei Tage vor der Hochzeit an seine Gönnerin Frau von Meck schreibt, mit der er kurz vorher erst in briefliche Verbindung getreten war, klingt dagegen wie eine Beichte:

Vor längerer Zeit erhielt ich den Brief eines Mädchens, dem ich schon früher begegnet war. Aus ihren Zeilen ging hervor, daß sie mich schon seit langem liebt. Dieser Brief klang so herzlich und aufrichtig, daß ich mich entschloß, ihr zu antworten, was ich früher in ähnlichen Fällen vermieden hatte ... Es würde zu weit führen, Ihnen die Einzelheiten dieses Briefwechsels mitzuteilen, doch erfüllte ich schließlich ihren Wunsch und besuchte sie. Warum tat ich das? Heute scheint es mir, als ob eine geheimnisvolle Macht mich zu diesem Mädchen trieb. Bei unserer Zusammenkunft erklärte ich ihr wieder, daß ich ihrer Liebe nur Dankbarkeit und Sympathie entgegenbringen könne. Doch als ich sie verließ, begann ich über den Leichtsinn meiner Handlungsweise nachzudenken ... Aus dem folgenden Brief schloß ich, daß ich – falls ich mich jetzt, nachdem ich bereits so weit gegangen war, plötzlich zurückziehen sollte – das Mädchen wirklich unglücklich machen und einem tragischen Ende zutreiben würde ... Ich kann die schrecklichen Gefühle, die mich seit diesem Abend quälen, nicht beschreiben. Das ist begreiflich. Im Alter von 37 Jahren mit einer angeborenen Abneigung gegen die Ehe nun

Tschaikowsky und seine Frau Antonina

plötzlich gewaltsam mit einer Frau, die man nicht liebt, verheiratet zu werden, ist sehr schwer ... Mein Gewissen ist rein. Ich heirate ohne Liebe, weil die Verhältnisse es erfordern und weil ich nicht anders handeln kann ...[106]

Die Folgen faßt Modest in wenigen Sätzen zusammen: «Von allen Verwandten konnte nur Anatol nach Moskau kommen, aber auch er kam zu spät, um das wahnwitzige Unternehmen Peter Iljitschs zu vereiteln. Am 6. (18.) Juli fand die Hochzeit statt. Ich wage es nicht, die traurige Geschichte der Folgen dieser Heirat in allen Einzelheiten zu erzählen, denn erstens besitze ich in dieser Angelegenheit nicht den nötigen Grad von Unparteilichkeit; zweitens habe ich keinerlei Zeugnisse des altera pars in Händen, auch keine Hoffnung, jemals zu einem derartigen Zeugnis zu gelangen; drittens, endlich, möchte ich nicht das berechtigte Zartgefühl verschiedener auch heute noch lebender Personen verletzen. Nur eines will ich sagen: von den ersten Tagen, ja den ersten Stunden seines Ehelebens an mußte Peter Iljitsch den ganzen Leichtsinn, die ganze Unvernunft seiner Tat auf das Schwerste büßen und war tief unglücklich.»[107]

Was Tschaikowsky seinem Bruder Anatol über die sieben Tage dauernde «Flitterwoche» schreibt, klingt zum Teil recht merkwürdig:

Es kam zu Gesprächen, die unsere gegenseitigen Beziehungen noch eingehender klärten. Sie ist durchaus mit allem einverstanden und wird nie unzufrieden sein. Sie will mich nur hätscheln und bemuttern. Ich habe mir all meine Bewegungsfreiheit bewahrt . . . Sie ist sehr beschränkt, aber das ist gerade gut so. Eine gescheite Frau würde ich fürchten. Über dieser aber stehe ich so hoch, beherrsche sie dermaßen, daß ich wenigstens kein bißchen Angst vor ihr habe.

Es wäre ganz unerträglich und unentschuldbar, wenn ich meine Frau in irgendeiner Weise hintergangen hätte, aber ich habe sie ja darüber aufgeklärt, daß sie nur auf meine brüderliche Liebe rechnen dürfe. Körperlich ist mir meine Frau restlos widerlich geworden . . .[108]

Die «Ehe» dauerte, mit Unterbrechungen, nicht ganz drei Monate. Schon am 26. Juli (7. August) teilt Tschaikowsky Frau von Meck mit: *In einer Stunde reise ich ab. Noch einige Tage und – ich schwöre es – ich wäre wahnsinnig geworden.*[109]

Nach einem vierwöchigen Aufenthalt in Kamenka, wo er sich erholte und an seiner *Vierten Symphonie* arbeitete, kehrte Peter Iljitsch zu seiner Frau nach Moskau zurück, fest entschlossen, *das Gefühl der Entfremdung gegenüber meiner Frau in mir auf das nachdrücklichste zu bekämpfen, und zur Einsicht aller ihrer guten Eigenschaften zu gelangen*[110]

Wie es ihm aber wirklich zumute war, geht aus einem Brief an Frau von Meck hervor:

Kaum war die Trauung vollzogen, kaum war ich mit meiner Frau allein geblieben und erkannte, daß uns das Schicksal untrennbar verbunden hatte, da begriff ich plötzlich, daß ich nicht einmal Freundschaft, sondern im wahrsten Sinne des Wortes Widerwillen gegen sie empfand . . . Der Tod schien mir der einzige Ausweg, doch Selbstmord kam nicht in Frage . . .[111]

Nach weiteren drei Wochen wurde ihm die Häuslichkeit zur Qual. Eines Nachts verließ Tschaikowsky das Haus und wanderte zu einer einsamen Stelle der Moskwa. Er watete bis zur Brust in das eiskalte Wasser. Doch er holte sich keine Lungenentzündung, die ein legitimer

Ersatz für Selbstmord gewesen wäre. Nur sein Freund Kaschkin wußte von dieser Donquichottiade. Seiner Frau erzählte er von einem nächtlichen Fischfang, bei dem er ins Wasser gefallen sei.

Nun wurde ihm klar, daß er dem Wahnsinn nahe war und daß er eine Änderung herbeiführen mußte. Modest erzählt:

«Bald darauf erkrankte Peter Iljitsch. Unter dem Vorwand eines Telegramms, das ihn eiligst nach Petersburg abberief, verließ er am 24. September plötzlich Moskau in einem an Wahnsinn grenzenden Zustand.

Anatol erzählt, daß Peter Iljitsch bei der Ankunft auf dem Nikolaj-Bahnhof in Petersburg nicht wiederzuerkennen gewesen sei: so sehr habe sich sein Gesicht in Monatsfrist verändert. Vom Bahnhof wurde er in das nächste Hotel (Hôtel Dagmar) gebracht, wo er nach einem äußerst heftigen Nervenanfall in Bewußtlosigkeit verfiel, die nahezu 48 Stunden anhielt. Nachdem die schwere Krise vorbei war, meinten die Ärzte, die einzige Möglichkeit einer vollkommenen Genesung liege in einer radikalen Veränderung der Lebensverhältnisse des Kranken.»[112]

Tschaikowsky hat seine Frau nicht wiedergesehen, obwohl die Ehe nie geschieden wurde. Zunächst begab sie sich nach Kamenka zu den Dawidows, deren anfängliches Mitleid für sie bald in Widerwillen umschlug, als sie ihren Charakter offenbarte.

Tschaikowsky schrieb darüber an Frau von Meck: *Gestern erhielt mein Bruder einen Brief von ihr, in dem sie in ganz neuem Licht erscheint. Aus einem sanften Täubchen hat sie sich plötzlich in eine recht böse, sehr anspruchsvolle, verlogene Person verwandelt. Sie macht mir viele Vorwürfe, weil ich sie angeblich schamlos hintergangen hätte . . . Im Rückblick auf die kurze Zeit unseres Zusammenlebens sehe ich, daß ich dabei keine schöne Rolle gespielt habe . . . Meine Frau verdient jedenfalls Mitleid. Aus ihrem gestrigen Brief ist ersichtlich, daß gekränkte Eigenliebe erwacht ist und sich sehr entschieden bemerkbar macht.*[113]

Nur mit Mühe konnte man Antonina Iwanowna dazu bewegen, Kamenka zu verlassen. Über ihr späteres Leben weiß man nicht viel: nur daß es zeitweise ziemlich undurchsichtig war und verschiedene Männer darin eine Rolle gespielt haben sollen. Sie starb während der Revolution in einer Irrenanstalt. Manches deutet darauf hin, daß sie nicht nur naiv und ungebildet, sondern von Anfang an geistig gestört und nymphoman veranlagt war. Als Anatol sie von der schweren Erkankung und der Flucht ihres Mannes unterrichtete, nahm sie die Nachricht gleichmütig hin und erzählte dem erstaunten Anatol von den vielen Männern, die sie begehrten.

Tschaikowsky selbst schrieb in einem Brief an Frau von Meck, die ihn um eine Beschreibung seiner Frau gebeten hatte: *Stündlich wiederholte sie unzählige Geschichten über unzählige Männer, die in sie verliebt waren. Meist waren es Generale, Neffen bekannter Geldleute, berühmte*

Künstler, selbst Mitglieder des Zarenhauses. Nicht weniger oft und mit einem unfaßlichen leidenschaftlichen Eifer schilderte sie mir eingehend die Laster, die grausamen und niederträchtigen Handlungen, das abscheuliche Verhalten aller ihrer Verwandten; wie sich herausstellte, hatte sie sich mit all diesen Verwandten, ohne jede Ausnahme, verzankt. Insbesondere zog sie dabei über ihre Mutter her.[114]

Zu Tschaikowskys Ehre muß jedoch erwähnt werden, daß er nie versucht hat, seiner Frau die Alleinschuld zuzuschieben, auch dann nicht, als sie ihn mit Briefen belästigte, über die er sich sehr erregte. Dieser wahnwitzige Eheversuch wurde zu einem geistigen Wendepunkt in seinem Leben. Allerdings kann man sich kaum vorstellen, was aus Tschaikowsky geworden wäre, wenn ihm in dieser kritischen Situation nicht Nadeshda von Meck, sein guter Engel, zu Hilfe gekommen wäre.

In den letzten Tagen des Jahres 1876 hatte Tschaikowsky folgenden Brief einer unbekannten Verehrerin erhalten, die eine Komposition bei ihm in Auftrag gegeben hatte:

«Gestatten Sie mir, meinen herzlichen Dank für die schnelle Erfüllung meiner Bitte auszusprechen. Es ist überflüssig, Ihnen zu sagen, wie begeistert ich von Ihrer Komposition bin, da Sie wohl anderes Lob gewöhnt sind und die Verehrung eines auf dem Gebiete der Musik so unbedeutenden Wesens wie ich Ihnen nur lächerlich vorkommen könnte. Mir aber ist meine Freude an Ihrer Musik so teuer, daß niemand darüber lächeln soll. Deshalb sage ich nur – und bitte Sie, mir aufs Wort zu glauben –, daß es sich mit Ihrer Musik leichter und angenehmer leben läßt.»[115]

Tschaikowsky antwortete ihr tags darauf: *Für Ihre freundlichen und schmeichelhaften Worte, die Sie mir zu schreiben geruhten, möchte ich Ihnen herzlich danken. Für einen Musiker, dem Mißerfolge und Hindernisse den Weg erschweren, ist es ein Trost, zu wissen, daß es eine kleine Zahl von Menschen gibt, die wie Sie eine so herzliche und aufrichtige Liebe zu unserer Kunst hegen.*[116]

Das war der Anfang einer Brieffreundschaft, die in der Geschichte kaum ihresgleichen hat. Von 1900 bis 1902 publizierte Modest Tschaikowsky einen Teil des Briefwechsels in seiner Biographie, die gleichzeitig in deutscher Übersetzung erschien. Von 1933 bis 1936 erschien eine dreibändige russische Gesamtausgabe der Briefe. Das 1937 in New York unter dem Titel «Beloved Friend» und 1938 in Berlin unter dem Titel «Geliebte Freundin» von Catherine Drinker Bowen und Barbara von Meck herausgegebene Buch enthält eine Auswahl aus dieser Gesamtausgabe. Nicolas Slonimsky bezeichnet es in «Baker's Biographical Dictionary of Musicians» (New York 1958) als «fictual biography», das heißt als «biographischen Roman», wahrscheinlich wegen der oft etwas phantastischen Kommentare der beiden Herausgeberinnen. 1954 kam in Leipzig eine erweiterte Auswahl in einer neuen deutschen Übersetzung heraus, die den Titel «Teure Freundin» trägt.

Der gesamte Briefwechsel umfaßt 1204 meist lange, mitunter sehr lange Briefe. Der Inhalt reicht vom rein Persönlichen bis zum Philosophischen. Natürlich steht die Musik im Mittelpunkt, denn aus ihr war diese Freundschaft erwachsen und aus ihr lebte sie.

Frau von Meck war in ihrer Art eine ebenso außerordentliche und fast ebenso verschrobene Persönlichkeit wie ihr Brieffreund. Das geht schon aus den sachlichen Daten hervor, die Hans Pezold über sie berichtet:

«Frau von Meck war die Witwe eines Eisenbahningenieurs, der ... seine bescheidene Stellung als Beamter mit der eines privaten Unternehmers vertauscht und durch den Bau von Eisenbahnlinien ein riesiges Vermögen angehäuft hatte – nicht zuletzt dank der Energie und dem Ehrgeiz seiner geschäftstüchtigen Frau. Nadeshda Philaretowna war, als ihr Mann 1876 starb, 45 Jahre alt, Mutter von elf Kindern, Besitzerin zweier Bahnlinien, eines prächtigen Hauses in Moskau, des Gutes Brailow und eines Riesenvermögens. Mit der gleichen Energie, mit der sie den geschäftlichen Teil des Unternehmens ihres Mannes geleitet hatte, regierte sie ihr umfangreiches Hauswesen, zu dem außer sieben Kindern – vier waren damals bereits selbständig – mehrere Erzieherinnen, Privatlehrer und ein Troß von Dienern gehörten. Nach dem Tode ihres Mannes zog sie sich völlig von jedem geselligen Verkehr zurück und lebte nur ihren Kindern und ihren Geschäften.

Nadeshda Philaretowna stammte aus einer musikliebenden Familie und spielte seit ihrer Kindheit Klavier ... Die in allen geschäftlichen Dingen sehr klar und nüchtern denkende Frau wurde zur leidenschaftlichen, ja zur exaltierten Schwärmerin in der Begegnung mit der Musik. Diese Hingabe kam einer Selbstentäußerung gleich. Wenn Nadeshda Philaretowna über Musik sprach, vergaß sie, so wird uns berichtet, völlig ihre Menschenscheu und Contenance.

Stets hatte sie in ihrem Hausstaat einen Musiker, der ihre Kinder unterrichtete und mit ihr musizieren mußte. Um die Mitte der siebziger Jahre hatte Nikolaj Rubinstein ihr einen jungen Geiger, Josef Kotek, empfohlen. Kotek, ein Absolvent des Moskauer Konservatoriums und Theorieschüler von Tschaikowsky, war begeistert von den Werken und von der Persönlichkeit seines Lehrers. Nadeshda Philaretowna hätte keinen willkommeneren Partner zum Musizieren finden können. Sie selbst war bereits eine glühende Verehrerin der Musik Tschaikowskys; seine Ouvertüre *Sturm* hatte sie zu Tränen gerührt. Sie beschloß, dem Manne, dessen Musik sie bis ins Innerste aufgewühlt hatte, dessen Wesen ihr verwandt schien, auf eine taktvolle Weise zu helfen, und sie bestellte durch Kotek bei ihm eine Komposition für Geige und Klavier gegen ein ungewöhnlich hohes Honorar.»[117]

Man könnte annehmen, Tschaikowsky, der immer in Geldnot war,

Nadeshda von Meck

hätte die um einige Jahre ältere Frau nur ihres Geldes wegen auf seine Weise hofiert. Man könnte genausogut die Meinung vertreten, die begüterte Frau von Meck habe sich um einen für sie geringfügigen Preis Berühmtheit, ja eine Art Mit-Unsterblichkeit erkaufen wollen. Man könnte in ihrem ganzen Verhältnis aber auch nichts sehen als reine Zuneigung, die hier zwei ähnliche sonderbare Menschen verband.

Keine dieser Deutungen vermag indessen allein zu befriedigen – am wenigsten eine Schwarz-Weiß-Malerei dieser Freundschaft. Gewiß war Tschaikowsky an dem Geld interessiert, das ihm dieses Verhältnis eintrug. Manchmal muten seine «Bittschriften» um zusätzliche Hilfe geradezu peinlich und beschämend an. Sicherlich spielte aber auch sein Mutterkomplex eine bedeutende Rolle, und man muß den Autorinnen des Buches «Geliebte Freundin» recht geben, wenn sie behaupten:

«Dieser Mann hat nie eine Frau besitzen wollen; er hat nichts anderes als eine Mutter haben wollen, jemanden, der zugleich innig nah und doch fern war, den er verehren konnte und der seinerseits ihn verehren würde – immer in sicherer Entfernung. Und wer unter allen Frauen konnte diese Rolle so herrlich, so überzeugend ausfüllen wie Nadeshda von Meck? Hatte sie nicht – fast gleich in ihren ersten Briefen an ihn – erklärt, er sei ihr Ideal, und im selben Atemzug hinzugefügt, sie wolle ihn weder sehen noch sprechen in seiner Leiblichkeit?»[118]

Gewiß konnte die Aufopferung für ihre Kinder die verwitwete Frau von Meck nicht allein ausfüllen. Und gewiß fühlte sich die Musikfanatikerin geschmeichelt, daß ein namhafter Komponist ihr seine Künstlerseele öffnete und, nicht zuletzt, ihr bedeutende Werke widmete.

So gesehen hat es den Anschein, als seien beide bei dem Verhältnis auf ihre Kosten gekommen. Und doch wäre es ungerecht, diese einmalige Freundschaft nur in diesem Lichte zu betrachten. Ohne sentimental zu werden, darf man von einer Art «Seelenverwandtschaft» sprechen, von einer gegenseitigen Sympathie, die hier an die Stelle physischer Liebe trat.

In dem Augenblick, als sie sich brieflich kennenlernten, hatten sie einander in jeder Hinsicht nötig. Für die kurz zuvor verwitwete Nadeshda von Meck begann ein neues, aufregendes Leben. Für Tschaikowsky bedeutete diese Freundschaft Erlösung aus einer hoffnungslosen Situation, nicht nur, weil er sich durch Frau von Mecks Geld seine Freiheit erkaufen konnte, sondern auch durch die moralische Unterstützung, die Einsicht und das Verständnis, die Nadeshda Philaretowna für ihn und sein ungewöhnliches Wesen aufbrachte. Zum Glück waren beide ausnehmend schüchtern, so daß es nie zu einer Begegnung kam, die sicherlich zu einer Ernüchterung, ja zu einer Katastrophe geführt hätte, und vor der Tschaikowsky eine panische Angst hatte.

Die Frage stellt sich, ob die Briefe Tschaikowskys an Frau von Meck ehrlich sind, oder ob sie nur aussprechen, was die Empfängerin hören bzw. lesen wollte. Das betrifft in erster Linie Tschaikowskys Äußerungen über künstlerische Dinge, denn die vielen Mitteilungen über sein alltägliches Leben sind zwar aufschlußreich, letzten Endes aber doch unwesentlich. Zweifelsohne hat Tschaikowsky vieles auf die Empfängerin zugeschnitten. Man denke zum Beispiel an seine lange, nachträglich erfundene «Erklärung» des Programms der *Vierten Symphonie* im Brief vom 17. Februar (1. März) 1878. Dieser romantische Gefühlserguß entstand auf ausdrücklichen Wunsch Frau von Mecks, aber schließlich hat er niemanden geschadet, auch nicht dem Werk, das zu Tschaikowskys besten gehört.

Zunächst schreibt Tschaikowsky, es sei so gut wie unmöglich, ihren Wunsch zu erfüllen:

Wie soll man die unklaren Gefühle beschreiben, die einen bewegen, wenn man ein Instrumentalwerk ohne ein bestimmtes Sujet komponiert? Das ist ein rein lyrischer Vorgang, eine musikalische Beichte der Seele, die sich in Tönen ergießt . . .

Doch dann gibt er nach und fährt fort:

Unsere Symphonie hat ein Programm, das heißt, es besteht die Möglichkeit, ihren Inhalt in Worte zu fassen. Aber Ihnen, nur Ihnen allein kann und möchte ich die Bedeutung des ganzen Werkes und der einzelnen Sätze erklären, selbstverständlich nur in allgemeinen Zügen. Die Einleitung ist das Samenkorn der ganzen Symphonie und zweifellos der Hauptgedanke. Das ist das Fatum, die verhängnisvolle Macht, die unser Streben nach Glück verhindert und eifersüchtig darüber wacht, daß Glück und Frieden nie vollkommen wolkenlos werden, eine Macht, die wie ein Damoklesschwert über unserem Haupte schwebt und unsere Seele unentwegt vergiftet.[119]

Dazu zitiert Tschaikowsky das einleitende Thema der Symphonie. So erläutert er das ganze Werk in einer peinlich-schwülstigen Prosa, die Frau von Meck sicherlich in höchste Erregung versetzte. Davon noch eine Probe: *O Freude! Welch süßer und zarter Traum ist erschienen? Eine helle, beglückende Menschengestalt schwebt vorbei und lockt ins Ungewisse . . .*[120]

Es ist das einzige Mal, daß Tschaikowsky eines seiner Werke so ausgiebig gedeutet hat.

Doch zurück zum Briefwechsel: Als dieser in den dreißiger Jahren zum erstenmal vollständig erschien (d. h. mit den bis dahin unzugänglichen Briefen Frau von Mecks), hagelten empörte Vorwürfe auf Tschaikowsky nieder: er habe Nadeshda Philaretowna ausgenützt, belogen und schließlich enttäuscht; er sei ein zynischer, egoistischer Pervertierter gewesen, und anderes mehr. Im selben Atemzug wurde auch Modest Tschaikowskys Biographie als völlig unglaubwürdig verdammt, hauptsächlich wegen der Auslassungen in den Briefen Peter Iljitschs. Die Herausgeber zitierten nämlich im Anhang der drei Bände verschiedene Stellen aus

Tschaikowskys Briefen an Anatol und Modest, die in der Tat kein schönes Licht auf ihren Autor werfen. Am selben Tag, an dem er Frau von Meck seine ewige Liebe und Dankbarkeit erklärte, konnte er an Anatol und Modest schreiben, daß ihn die ewige Briefschreiberei langweile und er ungeduldig auf eine überfällige Geldsendung warte, usw.

Doch läßt sich eine solche abnorme Situation mit normalen Maßstäben messen? Vergißt man dabei nicht, daß es sich um zwei «Liebende» handelt, die sich nur einige Male aus der Entfernung gesehen, aber nie gesprochen haben? Muß man nicht bedenken, daß Frau von Meck es war, welche die Initiative ergriffen hatte, und daß sie die treibende Kraft blieb, daß der glühende Enthusiasmus der ersten Jahre unweigerlich nachlassen mußte, da er sich auf ein irreales Verhältnis gründete, das beide ekstatisch übersteigerten? Das Erstaunliche ist nicht so sehr, daß Frau von Meck nach vierzehn Jahren die Freundschaft abbrach, sondern daß diese so lange ungetrübt anhielt.

REISEN UND ARBEIT

Das Eingreifen Frau von Mecks in Tschaikowskys Leben wirkt wie eine durch die Vorsehung bestimmte Tat: Ohne ihre finanzielle Hilfe wäre Tschaikowsky bei seiner törichten Ehe keineswegs so glimpflich davongekommen, und ohne ihre moralische Unterstützung wären die seelischen Folgen dieser Torheit viel schwerer zu ertragen gewesen. Wie willkommen muß ihm Nadeshdas Brief vom 17. (29.) Oktober 1877 gewesen sein: «... wie konnten Sie nur einen einzigen Augenblick denken, daß ich Sie verachte ... Ich lebe und leide in Gedanken mit Ihnen, und alles, was Sie empfinden und tun, ist mir sympathisch und lieb. Und dann, mein lieber Peter Iljitsch, warum betrüben und verletzen Sie mich dadurch, daß Sie sich mit materiellen Sorgen quälen? Bin ich nicht ein Mensch, der Ihnen nahesteht? Sie wissen doch, wie ich Sie liebe, wie ich Ihnen das Beste wünsche. Meiner Ansicht nach verleihen weder die Verwandtschaft noch eine körperliche Verbundenheit Rechte, sondern die Gefühle und die seelischen Beziehungen. Sie wissen, wieviel glückliche Stunden ich Ihnen verdanke, wie sehr ich Sie brauche – gerade so wie Sie sind – folglich tue ich das alles nicht für Sie, sondern nur für mich.»[121]

Kurz danach faßte Frau von Meck den Entschluß, ihrem Freund eine ansehnliche Jahresrente von 6000 Rubel zu gewähren, anstatt ihm überbezahlte Kompositionsaufträge zu erteilen und in je nach Bedürfnis mit Geld zu versorgen. Diese gute Nachricht erreichte Tschaikowsky in Clarens, oberhalb von Montreux, wohin er nach seiner Ehetragödie geflüchtet war. Der Dank, den er in seinem Brief vom 25. Oktober (6.

Tschaikowskys Diener Alexej I. Sofronow, 1872

November) ausdrückt, kam sicherlich aus der Tiefe seines Herzens: *... Ehe ich Ihnen begegnete, wußte ich nicht, daß es Menschen mit einem so liebevollen und tiefen Gemüt gibt. Nicht nur was Sie für mich tun, auch wie Sie es tun, grenzt ans Wunderbare. Ihr Brief drückt so viel Wärme und Freundschaft aus, daß ich das Leben wieder liebe und fest entschlossen bin, aller Unbill zu widerstehen. Ihnen verdanke ich es, daß die Liebe zur Arbeit mit verdoppelter Kraft wiederkehrt. Niemals, niemals, keinen Augenblick werde ich es vergessen, daß Sie mir dazu verholfen haben, weiterhin meinem künstlerischen Beruf zu leben ... Allmählich fange ich wieder an zu arbeiten und werde unsere Symphonie spätestens im Dezember beenden ...*[122]

Sein größter Wunsch, unabhängig zu sein, war nun in Erfüllung gegangen. Zum erstenmal in seinem Leben hatte er keine Vorgesetzten, mußte niemandem Rechenschaft ablegen und hatte es nicht nötig, sich mit Menschen abzugeben, die ihn nicht interessierten – wahrhaftig ein großer Luxus. Eine der ersten Folgen war die Bitte an Nikolaj Rubinstein, ihn bis zum September 1878 von seiner Lehrtätigkeit am Moskauer Konservatorium zu beurlauben. (Er hat diese Stelle nie wieder aufgenommen.) Dann verließ Tschaikowsky plötzlich Clarens und fuhr sieben Monate lang kreuz und quer durch Europa: Venedig, Paris, Florenz, Rom, Venedig, Wien, Venedig, San Remo, Genua, San Remo, Florenz, Genua, Clarens, Wien und dann zurück nach Kamenka. Längere Zeit hielt er sich nur in San Remo auf, wo sein Gemüt ein wenig zur Ruhe kam. Nirgends aber war er glücklich, wie er in einem Brief aus Florenz vom 6. (18.) November an Frau von Meck berichtete: *In Clarens, wo ich ein völlig geruhsames Leben führte, versank ich oft in Melancholie. Außerstande, mir diese Perioden von Depression anders zu erklären, schrieb ich sie den Bergen zu. Wie kindisch! Ich redete mir ein, ich brauche nur die italienische Grenze zu überschreiten, um ein Leben vollkommener Glückseligkeit zu beginnen! Unsinn! Hier fühle ich mich hundertmal elender.*[123]

Während der ersten Monate des Winters 1877/78 hatte Peter Iljitsch seinen Bruder Anatol als Begleiter. Da dieser im Dezember nach Rußland zurück mußte, ließ er seinen Diener Alexej Sofronow nach Wien kommen, um nicht allein zu sein. (Auch später hat er Alexej fast immer auf seine vielen Reisen mitgenommen.) Modest kam bald darauf mit seinem Zögling Kolje zu einem längeren Besuch nach San Remo. Fast täglich schrieb Tschaikowsky lange Briefe an Frau von Meck, in denen er über sein Wohlergehen und seine Erlebnisse berichtete und auf ihre Fragen zu Themen der Kunst, der Religion und anderem ausführlich einging. Allerdings kam er dabei nicht ohne Alkohol aus, wie er Anatol verriet: *... abends habe ich immer mehrere Brandy zu mir genommen, und auch im Laufe des Tages trinke ich eine ganze Menge. Ohne das kann ich nicht sein ... Briefe kann ich nur nach einem Schlückchen schreiben.*

Das alles beweist mir, daß ich noch nicht auf der Höhe bin.[124]

Tschaikowsky nahm auch die Gelegenheit wahr, Opernaufführungen in den verschiedenen Städten zu besuchen. In Wien begeisterten ihn Cherubinis «Wasserträger» und Delibes' Ballett «Sylvia»; eine Aufführung von Wagners «Walküre» bestätigte seine schlechten Eindrücke, die er im Vorjahr vom «Ring» in Bayreuth gewonnen hatte. Marchettis Oper «Ruy Blas», die er in Mailand sah, empfand er als *völlig talentlose Nachahmung Verdis,* und Meyerbeers in Genua aufgeführte «Afrikanerin» beschrieb er als *die langweiligste aller Opern.*

Diese Lebensart, an die sich Tschaikowsky sehr bald gewöhnte, setzte ein beträchtliches Einkommen voraus; immer wieder fand er sich mit fast leeren Taschen und wartete auf die nächste Zuwendung seiner geliebten Freundin.

Das Verblüffende aber ist, daß Tschaikowsky, trotz dem ziellosen Herumreisen und trotz schlechter Gesundheit in diesem Winter (1877/78) vorzüglich arbeiten konnte. Er selber schrieb, daß er die Absicht hatte, sich *arbeitend zu erholen.* So instrumentierte er die *Vierte Symphonie,* die erste große Symphonie in der russischen Musikgeschichte, *ohne vom Schreibtisch aufzustehen.* Während sich Tschaikowsky in Florenz aufhielt, fand deren Uraufführung am 22. Februar (4. März) in Moskau statt und wurde von Publikum und Kritikern mit Gleichgültig-

Die Schweizer Orte Clarens und Vevey

Selbstporträt Alexander Puschkins

keit aufgenommen. Erst neun Monate später, bei der Petersburger Premiere, wurde ihre Bedeutung erkannt. Tschaikowsky selber schätzte das Werk richtig ein; als er von dem Moskauer Mißerfolg Nachricht erhielt, schrieb er an Nadeshda von Meck: *In meinem tiefsten Herzen bewahre ich das sichere Gefühl, daß dieses Werk das Beste ist, was ich geschaffen habe.*[125]

Ebenso schnell ging die Arbeit an seiner bekanntesten Oper *Eugen Onegin* voran, die er fast fertig mit nach Moskau zurücknahm. Bereits Anfang 1877 hatte er sich in Puschkins gleichnamige Dichtung verliebt und mit Hilfe von Konstantin Schilowsky das Libretto verfaßt. An Modest schrieb er damals: *Welch ein poetischer Reichtum ist in diesem Onegin! Ich bin nicht blind gegenüber seinen Schwächen. Ich bin mir vollkommen im klaren darüber, daß wenig Spielraum für die Handlung gegeben ist und die Oper an Bühneneffekten mager sein wird. Die Fülle der Poesie jedoch, die menschliche Qualität und Schlichtheit des Stoffes, die aus Puschkins inspirierten Zeilen spricht, werden für jeden anderen Mangel entschädigen.*[126]

Die Oper ist zwar dramaturgisch schwach, doch wird sie durch die

Intensität der Musik getragen. Die Uraufführung fand im März 1879 in Moskau statt. Sie wurde von Studenten des Moskauer Konservatoriums unter der Leitung von Nikolaj Rubinstein bestritten. Der warme Beifall galt, wie Tschaikowsky selber feststellte, mehr dem Komponisten als dem Werk. Die Besprechungen waren, mit einer Ausnahme, lauwarm. Ein Kritiker jedoch prophezeite: «Trotz seinem Mangel an dramatischem Leben wird Tschaikowskys Werk, dank seines nationalen Sujets und seiner ausgezeichneten Musik, wahrscheinlich eines der beliebtesten Stücke unseres Opern-Repertoires werden.»[127]

Tschaikowsky selber war weniger optimistisch und meinte, das Werk würde nur einen kleinen Teil des Publikums ansprechen. Trotzdem liebte er *Eugen Onegin,* die später komponierte *Pique Dame* und den unglücklichen *Wakula* mehr als all seine anderen Bühnenwerke. Was *Eugen Onegin* betrifft, so verhalf ihm erst die Aufführung 1881 im Großen Theater in Moskau zu einem wirklichen Erfolg.

Bereits zur Zeit der *Onegin*-Premiere war Tschaikowsky mit einer neuen Oper, *Die Jungfrau von Orleans,* beschäftigt, die weder damals noch später viel Beachtung fand.

Noch ein großes Werk entstand in der unglaublich kurzen Zeit von zwei Monaten (März/April 1878): das Violinkonzert.

«Eugen Onegin» am Berliner «Theater des Westens»

Seitdem Tschaikowsky eine jährliche Rente von Nadeshda von Meck bekam und sich von dem ehelichen Abenteuer erholt hatte, nahm sein Leben eine Form an, die sich, mit kleinen Varianten, Jahr für Jahr wiederholte: Reisen, Aufenthalte auf dem Land, Besuche bei Verwandten und Freunden und, immer an erster Stelle, Arbeit. Er lernte, seinen unruhigen Geist, der zwar immer wieder durch Krankheit, Depressionen und Nervenkrisen getrübt wurde, allmählich so weit zu bändigen, daß die Außenwelt wenig von seiner Labilität wahrnahm. Die meisten Menschen, die ihm begegneten, ahnten nichts von dem, was sich unter der Oberfläche abspielte.

Nach den hektischen Reisen und der Arbeit des Winters traf er am 11. (23.) April 1878 in Kamenka ein, wo er ein glückliches Wiedersehen mit seiner Schwester und deren Familie feierte. Von dort ging er für zwei Wochen nach Brailow, dem großen Landsitz der von Mecks, wo ihm die ganze Dienerschaft zur Verfügung stand, dann wieder zurück nach Kamenka. Immer trug er Notenpapier in der Tasche. An Frau von Meck berichtet er am 6. (18.) Juli 1878 aus Kamenka: *Sobald ein Entwurf fertig ist, finde ich keine Ruhe mehr, bis ich ihn ausgearbeitet habe, und ist das geschehen, so spüre ich das unwiderstehliche Verlangen, mit einer neuen Komposition zu beginnen. Ich brauche die Arbeit wie die Luft zum Atmen. Sobald ich müßig bin, übermannt mich die Schwermut, ich zweifle an meiner Fähigkeit, den mir erreichbaren Höhepunkt der Vollkommenheit zu erlangen, bin unzufrieden mit mir selbst und hasse mich sogar . . . Ich neige ja sehr zu Schwermut und weiß, daß ich meinem Wunsch nach Müßiggang nicht nachgeben darf. Nur die Arbeit rettet mich.*[128]

Neben vielen kleineren Stücken komponierte Tschaikowsky zu dieser Zeit die erste seiner vier Suiten für Orchester. Alle vier sind anziehende, wenn auch etwas ungleichmäßige Stücke, die der Problematik der symphonischen Form aus dem Wege gehen und der freien Phantasie entsprechenden Raum lassen. Doch gehören sie nicht zu den besten Werken Tschaikowskys. Stilistisch und formell schwanken sie zwischen der symphonischen und der Ballett-Musik. Diese Unentschiedenheit hat wohl ihre Beliebtheit beeinträchtigt – bedauerlicherweise, denn sie enthalten reizende Sätze.

Die ländliche Abgeschiedenheit war für Tschaikowsky während dieser Periode seines Lebens eher etwas theoretisch Ersehntes; in der Praxis hielt er sie nicht allzu lange aus. Bei Anbruch des Winters begab er sich auf Auslandsreisen, die ihn nach Berlin, Paris und Wien führten, gelegentlich auch in die Schweiz, doch am häufigsten nach Italien.

In Rußland, wo er keine eigene Wohnung mehr hatte, besuchte er Verwandte und Freunde in Moskau, St. Petersburg, Kiew, oder er verbrachte ein paar Wochen in einem von Frau von Mecks Häusern, unter anderem auf ihrem neuerworbenen Gut Pleschtschejewo. Selbstverständlich geschah dies während ihrer Abwesenheit, denn es gehörte ja zu den merkwürdigen Spielregeln in dieser Freundschaft, daß ein persönliches Zusammentreffen vermieden wurde.

Dieses Arrangement war Tschaikowsky sehr lieb, denn die bloße Vorstellung, seiner Gönnerin plötzlich gegenüberzustehen, jagte ihm Angst ein, ebenso wie der Gedanke, sie könne sein «Geheimnis» erraten. Wie Frau von Mecks Einstellung dazu war, läßt sich nicht genau feststellen, doch gibt es Andeutungen, die darauf hinweisen, daß sie ein weniger platonisches Verhältnis begrüßt hätte. In der ersten Euphorie gab ihr Tschaikowsky auch jeden Grund, auf eine Annäherung zu hoffen. Er schrieb ihr richtige Liebesbriefe, wie sie etwa Liszt an Carolyne von Sayn-Wittgenstein hätte schreiben können: *Brauche ich Ihnen noch zu sagen, daß Sie der Mensch sind, den ich mit allen Kräften meines Herzens liebe? Nie im Leben traf ich bisher eine Seele, die so wie die Ihre mir nahe und verwandt ist, die so hellhörig auf jeden Gedanken, auf jeden Schlag meines Herzens reagiert. Ihre Freundschaft ist mir jetzt zur Notwendigkeit geworden wie die Luft, die ich atme, und es gibt keine Minute meines Lebens, in der Sie nicht mit mir verbunden sind. Wohin meine Gedanken auch schweifen, überall begegnen sie der Gestalt des fernen Freundes, dessen Liebe und Mitgefühl zum Grundpfeiler meines Daseins geworden sind.*[129]

Obwohl Tschaikowsky ihren Vorschlag, sich zu duzen, ablehnt, legt Nadeshda allmählich die ursprüngliche Zurückhaltung ab und ergeht sich in unmißverständlichen Liebeserklärungen: «Die ganze vergangene Nacht träumte ich von Ihnen, Sie waren so gut – mein Herz flog Ihnen entgegen . . . Welches Glück ist es, zu fühlen, daß ich Sie bei mir habe, que je vous possède . . . Wenn Sie nur wüßten, wie ich Sie liebe. Das ist keine Liebe mehr, das ist Anbetung, Vergötterung, Verehrung . . .»[130]

Und dieselbe Nadeshda von Meck, die sich während seiner Ehekrise so klug verhalten hatte, gibt nachträglich ihre Gefühle der Eifersucht preis: «Wissen Sie, daß ich sogar in ganz ungehöriger Weise eifersüchtig bin . . .? Wissen Sie, daß, als Sie heirateten, mir dies unsagbar schwerfiel, als ob mir ein Stück vom Herzen gerissen würde. Der Gedanke an Ihre nahen Beziehungen zu dieser Frau war mir schmerzlich, bitter und unerträglich . . . denn ich liebe Sie, wie niemand Sie je geliebt hat, ich schätze Sie über alles in der Welt. Wenn es Ihnen unangenehm ist, dies zu erfahren – verzeihen Sie das unfreiwillige Bekenntnis. Ich habe mich hinreißen lassen – und Schuld daran ist die Symphonie.»[131]

Es hat den Anschein, daß Nadeshda bis zu einem bestimmten Zeitpunkt darauf aus war, eine Begegnung herbeizuführen, die ein erster Schritt zu einem persönlichen Verhältnis hätte sein können. Im Winter 1878/79 mietete sie zum Beispiel für Tschaikowsky in Florenz eine herrschaftliche Wohnung unweit ihrer eigenen luxuriösen Villa. Dadurch entstand eine recht merkwürdige Art Quasi-Intimität. Von seinem Fenster aus konnte Peter Iljitsch seine Freundin beobachten, wenn sie in ihrem Wagen vorüberfuhr. Täglich trugen die Diener der beiden Haushalte lange, schwelgerische Briefe hin und her; die Herrin der großen Villa ließ auch allerlei Geschenke für Tschaikowsky abgeben. Frau von Meck schrieb: «Sie in meiner Nähe zu wissen ist eine Glückseligkeit, die sich nicht in Worten schildern läßt.»[132]

In Florenz und in Paris wohnten die beiden denselben Aufführungen bei, ohne sich auch nur aus der Ferne zu grüßen. Nur einmal kam es zu einer, wenn auch stummen, Begegnung, und zwar 1878 auf dem Gut Brailow, wo Tschaikowsky in der Nähe des großen Hauses untergebracht worden war. Aus irgendeinem Grund (vielleicht weil Nadeshda es so einrichtete) wurden die abgemachten Stundenpläne, die eine solche Begegnung hätten verhindern sollen, nicht genau eingehalten. So geschah das von Tschaikowsky Gefürchtete: bei seiner täglichen Spazierfahrt kam ihm Nadeshda in ihrem Wagen entgegen. Der entsetzte, in die Falle geratene Tschaikowsky lüftete den Hut und – fuhr weiter. Doch war es für ihn ein schwerer Schock. Er verlor den Appetit, konnte nicht mehr schlafen und verfiel wieder in eine tiefe Depression. An Modest schrieb er am folgenden Morgen: *Ich hatte gestern wieder meinen hysterischen Anfall, ich heulte den ganzen Abend.*[133]

Brieflich entschuldigte sich Tschaikowsky für den Zwischenfall. Nadeshda von Meck dagegen schien darüber entzückt: «Sie bitten mich um Entschuldigung, mein lieber Freund? Ich aber bin begeistert von dieser Begegnung. Sie können sich nicht vorstellen, wie wohl und warm es mir ums Herz wurde, als ich begriff, daß ich ausgerechnet Sie getroffen hatte, Ihre Anwesenheit wurde plötzlich zur Wirklichkeit!»[134]

Auf die kaum verschleierten Einladungen Nadeshdas ging Tschaikowsky nie ein. Allmählich gab sie die Hoffnung auf, was auch in ihren Briefen zum Ausdruck kommt.

WACHSENDER RUHM

Dank der bewilligten Rente, die durch weitere Gaben erhöht wurde, konnte Tschaikowsky nunmehr das Leben eines Grandseigneurs führen. Das tat er in einer Art, die zu seiner Sehnsucht nach ländlicher Ruhe in krassem Widerspruch stand. Er reiste viel, stieg in den vornehmsten Hotels ab, bewirtete Freunde und Verwandte, gab großzügige Trinkgelder, kleidete sich elegant, kurzum, er verwöhnte sich in jeder Hinsicht, so als verfüge er über unerschöpfliche Geldquellen. Dabei war seine Kasse des öfteren leer. Die Behauptung, er sei auch von flüchtigen «Bekannt-

Blick auf Florenz. Im Vordergrund der Campanile

schaften» erpreßt worden, mag stimmen, doch ist sie nie bewiesen worden.

Dabei nahm sein Einkommen aus den Tantiemen und aus dem Verkauf seiner Werke an den Verleger Jurgenson seinem wachsenden Ruhm entsprechend ständig zu. In Rußland war er schon in den frühen achtziger Jahren eine Berühmtheit, nicht zuletzt dank der Tatsache, daß er sich vorwiegend im Ausland aufhielt und im Heimatland fast unerreichbar war. Die Aufführungen seiner Kompositionen im Ausland trugen wesentlich dazu bei, daß er zu Hause hochgeschätzt wurde. Die bloße Tatsache, daß sich ein Dirigent wie Hans von Bülow seiner Werke annahm, machte großen Eindruck, selbst wenn die ausländischen Kritiken nicht immer lobend waren.

Hans von Bülow war es ja, der das *Erste Klavierkonzert* in Amerika und in Deutschland lancierte. Später (1885) hat Bülow auch die Uraufführung der *Dritten Suite für Orchester* dirigiert und die Orchester-Fantasie *Francesca da Rimini* in Deutschland erfolgreich aufgeführt; wie er überhaupt Tschaikowskys Musik in der ganzen Welt förderte. Tschaikowsky schrieb an Frau von Meck: *Das ist wohl der einzige deutsche Musiker, der die Möglichkeit zugibt, daß russische Tonschöpfer sich mit deutschen messen könnten ... Es gilt als unpassend, wenn ein Russe mit seinem Namen in den deutschen Programmen erscheint. Übrigens, es stört mich wenig. Ich glaube daran, daß auch meine Zeit kommen wird, allerdings wohl erst lange nach meinem Tode.*[135]

Auch der berühmte französische Dirigent Édouard Colonne führte bereits 1879 eine Komposition von Tschaikowsky auf. Leider war die Orchester-Fantasie *Der Sturm* ein schwaches Werk, und es fiel durch. In einem Brief an Colonne nahm Tschaikowsky die Verantwortung des Fiaskos auf sich. 1881 dirigierte Colonne eine unvergleichlich bessere Komposition, doch nicht – oder nicht nur – aus Überzeugung, denn Frau von Meck bezahlte heimlich die Aufführung «ihrer» *Vierten Symphonie.* Als Tschaikowsky dies erfuhr, rügte er Nadeshda: *Unter derartigen Bedingungen ist die Aufführung meiner Werke, selbst wenn sie von einem so großen Künstler unternommen wird, für mich nicht nur nicht schmeichelhaft, sondern auch nicht nützlich.*[136]

Sein zunehmender Ruhm brachte Tschaikowsky in einen seelischen Zwiespalt. Einerseits war er für sich und seine Musik sehr ambitiös, andererseits schrak er vor den Konsequenzen des Ruhms zurück. In einem Brief vom 13. (25.) August 1880 an Frau von Meck, der trotz des etwas pompösen Stils sicher seine echten Gefühle wiedergibt, schreibt er:

Ruhm! Welch gegensätzliche Gefühle löst dieses Wort in mir aus. Einerseits wünsche und erstrebe ich ihn, andererseits ist er mir verhaßt. Da der Sinn meines Lebens in meinen Schöpfungen beschlossen ist, muß ich den Ruhm wünschen. Denn da meine Aufgabe darin besteht, durch die Musik zu den Menschen zu sprechen, brauche ich auch Zuhörer ... Aber o weh! Daß mit meinem Ruhm auch das Interesse für meine Person zunimmt, daß ich den Blicken des Publikums ausgesetzt bin ... ist schwer und traurig ... Manchmal erfaßt mich der unsinnige Wunsch, mich ein für allemal irgendwo zu verbergen, als tot zu gelten ... Aber da meldet sich wieder der Schaffensdrang, und wieder fliege ich dem Feuer entgegen, und versenge mir die Flügel.[137]

Um in dieser geistigen Ambivalenz leben zu können, griff Tschaikowsky zu einem Mittel, dessen sich schon manch anderer bedient hat: bewußt oder unbewußt legte er sich eine Art Maske zu, die er bis zu seinem Lebensende beibehielt.

Hans von Bülow dirigiert. Gemälde von Franz von Lenbach

Während der frühen achtziger Jahre änderten sich Tschaikowskys Aussehen, Benehmen und seine Beziehungen zur Umwelt. Sein Umgang mit Menschen nahm eine verbindliche Form an, er kleidete sich wie ein wohlhabender Bankier, trat selbstbewußt, doch nie arrogant auf und machte den Eindruck eines höflichen, korrekten, nachsichtigen, zuweilen fast heiteren Mannes.

Inwieweit dieser äußerliche Persönlichkeitswechsel inneren Vorgängen entsprach, ist schwer zu beurteilen. Es ist durchaus denkbar, daß die Rolle des Ausgeglichenen, die er zum Selbstschutz spielte, auch ein wenig zu seiner inneren Ruhe beigetragen hat. Jedenfalls offenbaren die Jahre 1881 bis 1884 eine abnehmende Hektik und eine zunehmende Abschirmung, die Tschaikowsky um seine Person und um seine Gefühlswelt aufbaute und die sich auch in dem Briefwechsel mit Nadeshda von Meck niederschlägt.

Seine Briefe werden allmählich weniger zahlreich, kürzer, weniger schwelgerisch, weniger persönlich und im großen und ganzen weniger interessant. Manchmal hat man den Eindruck, daß Tschaikowsky nur mit Mühe geeignete Themen fand, um die leeren Seiten pflichtgetreu zu füllen, und daß er weniger für seine geliebte Freundin als für ein späteres Publikum schrieb. Am aufschlußreichsten sind die vielen Passagen, die seine eigenen Werke und seine eigene Tätigkeit betreffen. An Hand dieser Briefe kann man die Hauptereignisse dieser Jahre festhalten. Darunter wären hervorzuheben: der Tod des Vaters (1880), mit dem Tschaikowsky während der letzten Jahre nur noch wenig Kontakt hatte; der Tod seines verehrten Freundes Nikolaj Rubinstein (1881); die langwierige Arbeit an einer Gesamtausgabe der für ihn uninteressanten Werke des 1825 verstorbenen russischen Komponisten Bortnjansky; die Eheschließung zwischen Nadeshda von Mecks Sohn Nikolaj und Tschaikowskys Nichte Anna Lwowna Dawidowa im Jahre 1884.

Als Kuriosität sei ein Brief von Nadeshda von Meck zitiert. Nach wie vor verpflichtete sie junge Musiker, die für sie und mit ihr Hausmusik machten. Am 7. (19.) August erzählt sie von ihrem neuen französischen Musiker namens ... Claude Debussy:

«Gestern wagte ich es zum erstenmal, unsere Symphonie mit dem kleinen Franzosen zu spielen, und bin deshalb auch heute noch sehr erregt ... Stets gerate ich in einen fieberhaften Zustand, wenn ich diese Komposition spiele, und kann den Eindruck tagelang nicht überwinden. Mein Partner hat die Symphonie nicht sehr gut gespielt, aber glänzend entziffert. Das ist eine seiner ausgeprägten Fähigkeiten ... Sein zweites Verdienst ist sozusagen reflexiv; er ist von Ihrer Musik begeistert. Auf dem Gebiete der Musiktheorie ist er ein Schüler Massenets, den er für einen sehr großen Komponisten hält; aber als ich gestern mit ihm Ihre Suite spielte, war er von der Fuge entzückt und rief aus: ‹Ich habe noch nie eine so schöne moderne Fuge gehört! Monsieur Massenet könnte nie ähnliches komponieren!› Die deutsche Musik mag er nicht. Er sagt: ‹Es fehlt ihr unser Temperament, sie ist schwer und unklar.› Er ist jedenfalls eine typische Boulevarderscheinung.»[138]

Frau von Meck ließ von «unserem kleinen Bussy» ein vierhändiges Arrangement von Stücken aus dem Ballett *Schwanensee* anfertigen; dies war das erste veröffentlichte Werk Debussys. Tschaikowsky selber hat anscheinend nie seine Bekanntschaft gemacht.

Das Jahr 1884 stellt in gewisser Hinsicht einen Angelpunkt im Leben Tschaikowskys dar.

Am 2. Januar schreibt er aus Moskau an Frau von Meck:

Vom Morgen bis zum Abend muß ich Menschen empfangen, die mit einer Bitte zu mir kommen, oder Besuche machen. Es mangelt mir an Willenskraft, Einladungen abzusagen, da ich diesen oder jenen betrüben oder kränken könnte, und der Erfolg ist die nutzlos und unerfreulich

Achtziger Jahre

vergeudete Zeit . . . Nein, ich eigne mich wirklich nicht dazu, in der Stadt zu leben . . .

In meinem Hotel wohnt auch mein alter Freund Laroche. Ich glaube, ich berichtete Ihnen bereits über seinen Zustand drohender geistiger Zerrüttung, in dem ich ihn im Mai in Petersburg vorfand . . . Mich bewegt sehr die Möglichkeit einer geistigen Wiedergeburt dieses selten, ja geradezu phänomenal begabten Menschen. Doch glaube ich leider, daß er ohne den ständigen Ansporn eines Freundes wieder nichts tun wird.[139]

Anfang des Jahres 1884 wurde Tschaikowskys neue Oper *Mazeppa* fast gleichzeitig in Moskau und St. Petersburg aus der Taufe gehoben. Schon vor Beginn der Proben äußert er sich: *Vielleicht werde ich durch einen Erfolg des «Mazeppa» (von dem ich noch gar nicht so überzeugt bin) für all die Mühsal belohnt, die ich um dieser Opern willen erdulden muß, doch habe ich mir geschworen, nie mehr eine Oper zu schreiben. Diese Kompositionen berauben mich des Glücks, frei zu leben.*[140]

Der Kritiker N. D. Kaschkin berichtet in seinen Erinnerungen über die Hauptprobe: «In der benachbarten Loge hielt sich der Komponist hinter einem Vorhang verborgen . . . Nachdem die Probe beendet war, wollte ich ein paar Worte an ihn richten, verstummte jedoch, als ich sein Gesicht sah. Offensichtlich beherrschte er sich mühsam, um einen nervösen Anfall zu unterdrücken.»[141]

Frau von Mecks Trio. Ganz rechts Claude Debussy

Anstatt sich die Petersburger Premiere anzusehen, fuhr Tschaikowsky gleich nach der Moskauer Uraufführung ins Ausland. Aus Berlin schreibt er am 7. (19.) Februar an Nadeshda von Meck: *Vor Angst und Aufregung war ich dem Wahnsinn nahe. Ich fühle, daß ich nicht die Kraft gehabt hätte, dieselben Aufregungen noch einmal zu überstehen.*[142]

In einem Brief vom 13. (25.) März stoßen wir auf einen merkwürdigen Satz: *Täglich und stündlich danke ich Gott, daß er mir den Glauben an ihn geschenkt hat. Was wäre ich, wenn ich nicht an ihn glaubte und mich seinem Willen nicht unterordnete, angesichts meines Kleinmutes und der Eigenschaft, beim kleinsten Stoß bis in die Tiefen der Seele erschüttert, auf das Leben verzichten zu wollen?*[143]

Eine solche Äußerung ist im ganzen Briefwechsel eine Seltenheit, denn Tschaikowsky war nicht religiös im landläufigen Sinne. Diese Aussage stand allerdings im Zusammenhang mit Tschaikowskys vorübergehender Begeisterung für Tolstojs gerade erschienene «Beichte», die er später ablehnte. Doch ist sie ein weiterer Beweis dafür, daß sich Tschaikowsky nach innerer Ruhe sehnte, ebenso wie er das Leben in Saus und Braus allmählich leid wurde.

Im März (4. April) 1884 gesteht er Frau von Meck: . . . *der Gedanke, wenigstens ein winziges Grundstück mit einem Häuschen zu besitzen, gibt mir keine Ruhe . . . Ich bin des Wanderns müde. Ich weiß nicht, wie es kommt, aber ich denke jetzt nur an ein eigenes Heim.*[144]

Den September konnte er als Gast seiner Freundin in ihrem Landhaus in Pleschtschejewo verbringen. Im November fuhr er nach Davos zu seinem schwerkranken Freund und Schüler Josef Kotek, der einige Monate später an Tuberkulose starb. Danach kehrte Tschaikowsky über Paris nach Moskau zurück. Er nahm sich vor, seine Jugendoper *Wakula der Schmied* umzuarbeiten. An Nadeshda schreibt er: *Sie ist eines meiner Lieblingskinder, doch bin ich nicht so blind, ihre großen Schwächen zu übersehen, die das baldige Verschwinden vom Spielplan verursachten. Der Ausmerzung dieser Fehler möchte ich mehrere Monate widmen, damit die Oper in Zukunft in Moskau gespielt wird.*[145]

NEUENTDECKTES SELBSTVERTRAUEN

Ab 1885 ändert Tschaikowsky seine Lebensweise: Er richtet sich in Maidanowo ein eigenes Heim ein, überwindet (oder unterdrückt) seine Scheu (bzw. Abscheu) vor der «großen Außenwelt», nimmt am Musikleben seines Landes teil, läßt sich von Menschen in Anspruch nehmen, die ihn im Grunde nicht sehr interessieren, reist noch viel, aber jetzt hauptsächlich aus beruflichen Gründen. Ab 1887 tritt er auch als Dirigent eigener Werke auf. Von außen gesehen entspricht er dem Idealtyp eines berühmten Künstlers, der seinen gesellschaftlichen Pflichten nachkommt.

Modest beschreibt seinen «neugekräftigten» Bruder folgenderweise:

«Er braucht nun keine Stütze mehr. Selbständigkeit in allen Einzelheiten seines Lebens wird jetzt sein Hauptbedürfnis. Die Pflichten der öffentlichen Tätigkeit außer dem Komponieren schrecken ihn nicht, sondern locken ihn, weil er sich ihnen gewachsen fühlt ... Er flieht die Menschen nicht mehr, er kommt allen entgegen, denen er nicht nur als Mensch, sondern auch als öffentliche Persönlichkeit teuer ist ...

1885 wird Peter Iljitsch einstimmig in das Direktorium der Moskauer Abteilung der Russischen Musikalischen Gesellschaft gewählt und nimmt mit großem Eifer die künstlerischen Angelegenheiten in die Hand ... Als populärster russischer Musiker geht er dem Verkehr mit ‹Kollegen› nicht mehr aus dem Wege ... Er erhält Briefe über Briefe von Fachmusikern ebenso wie von Dilettanten-Damen, Jungfern, Gymnasiasten, Offizieren und sogar Geistlichen. Alle diese Briefe beantwortet Peter Iljitsch mit erstaunlicher Gewissenhaftigkeit ...

... Vom Jahre 1885 wächst seine geschäftliche Korrespondenz mit Verlegern, Unternehmern und Repräsentanten verschiedener musikalischer Institute Rußlands und Europas ständig. Die Zahl der Kilometer, die er seither auf seinen Reisen nach Moskau, Petersburg, in den Kaukasus und in verschiedene Städte Deutschlands, Frankreichs, Englands, der Schweiz, Italiens und Amerikas zurückgelegt hat, geht in die Zehntausende.»[146]

In der Tat wuchs Tschaikowskys Korrespondenz fast ins Unermeßliche, doch ist sie, laut Modest, «nicht entfernt so bedeutungsvoll, wie die Briefe Peter Iljitschs an Frau von Meck, an seine Verwandten und alten Freunde der Moskauer Periode. Quantitativ ist das biographische Material sehr angewachsen, qualitativ jedoch bietet es bedeutend weniger Interesse. Dasselbe kann von der Menge der menschlichen Beziehungen der letzten Lebensperiode gesagt werden ... Keine von ihnen war so tief und so dauerhaft wie die freundschaftlichen Bande der früheren Zeit, keine von ihnen ist mit dem Wesentlichen seines Daseins so eng verflochten und keine trägt etwas Neues in seine Seele hinein ...»[147]

Hier, ebenso wie an anderer Stelle, bestätigt Modest, daß sein Bruder den Eindruck eines Mannes erweckte, der eine Maske trägt. Nur gelegentlich – vor allem in einigen an Modest gerichteten Briefen – läßt Tschaikowsky durchblicken, daß er nach wie vor unter Depressionen und verschiedenen Qualen, physischen wie psychischen, leidet. Der große Teil der Briefe aus diesen letzten neun Jahren befaßt sich mit Details, die zwar informativ sind, aber wenig von seinem Innersten offenbaren. Deshalb bilden die Äußerungen Modests die Hauptquelle unserer Kenntnisse über Tschaikowskys seelischen Zustand während der letzten Jahre, denn kein anderer Mensch stand Peter Iljitsch so nahe. Sicherlich hätte

Modest mehr über seinen Bruder erzählen können, als er es aus begreiflichen Gründen im Jahre 1900 tat. Um so aufschlußreicher sind jene Passagen seiner Biographie, in denen er das innere Leben seines Bruders schildert und dessen psychische Wandlung deutet. Auffallend ist in diesem Zusammenhang der kurze Absatz, den Modest in die Beschreibung der «Wiedergeburt» Tschaikowskys einflicht: «Nach siebenjähriger Erholungszeit ergreift Peter Iljitsch alles mit Lust und Mut. Dann aber erlahmt sein Mut allmählich, er ermüdet und muß wieder *seine ganze Willenskraft aufbieten, um diese Lebensweise fortzusetzen.* Die Begeisterung verfliegt, und übrig bleibt nur noch, wie er selbst schreibt – *eine Lebensmüdigkeit, zeitweise furchtbarer Kummer, so etwas Freudloses, Finales und sogar (wie immer in einem Finale) – Banales.*»[148]

Zunächst aber begann dieser letzte Lebensabschnitt sehr positiv. Im Januar 1885 gastierte Hans von Bülow in St. Petersburg, wo er die Uraufführung von Tschaikowskys *Dritter Suite für Orchester* mit großem Erfolg dirigierte. Darüber berichtet Tschaikowsky an Nadeshda:

Eine heimliche Vorahnung sagte mir, daß die Suite dem Publikum gefallen würde. Ich freute und fürchtete mich zugleich. Die Wirklichkeit hat aber meine Erwartungen bei weitem übertroffen. Einen ähnlichen Triumph habe ich noch nie erlebt; ich sah, daß die ganze Masse des Publikums gerührt und dankbar war. Solche Momente sind das Schönste im Leben eines Künstlers. Ihretwegen allein lohnt es sich zu leben und zu arbeiten, aber auch die Ermattung ist nachher eine starke. Ich war am nächsten Tage ganz krank . . .[149]

In St. Petersburg wohnte Tschaikowsky auch einer Aufführung seines *Eugen Onegin* bei, die in Gegenwart der Zarenfamilie stattfand. *Der Zar wünschte mich zu sehen, unterhielt sich sehr lange und überaus freundlich mit mir, fragte mich mit großer Teilnahme über alle Einzelheiten meines Lebens und musikalischen Schaffens aus und führte mich dann zur Zarin, welche mir nun ihrerseits sehr rührende Aufmerksamkeit erwies . . .*[150]

Im Februar 1885 geht ein Traum in Erfüllung: Peter Iljitsch bezieht ein zwar gemietetes, jedoch eigenes Heim in dem Dorf Maidanowo bei Klin. Modest beschreibt diese Gegend folgendermaßen: «Die Umgebung Maidanowos bietet nichts besonders Anziehendes, aber Peter Iljitsch liebte die großrussische Natur so sehr, daß ein Birken- oder Tannenwäldchen, eine sumpfige Wiese, der Turm einer Dorfkirche in der Ferne und am weiten Horizont der dunkle Streifen eines großen Waldes ihm vollkommen genügten. Was ihn bis ans Ende seiner Tage an diese Gegend fesselte, war nicht ihre Schönheit, sondern ihre Lage zwischen den beiden Hauptstädten.»[151]

Tschaikowsky blieb bis zu seinem Lebensende in dieser Gegend, obwohl er noch dreimal umgezogen ist. Da er mit dem ersten Haus nicht

Maidanowo

zufrieden war, zog er im September 1885 in ein anderes, ebenfalls in Maidanowo. *Obwohl mir das Haus nicht gehört, habe ich das Recht, zwei Jahre lang ganz frei darüber zu verfügen. Das, was ich jetzt habe, ist schon beinahe die Verwirklichung dessen, was ich ersehne.*[152]

Im April 1888 zog Tschaikowsky wieder um. Er berichtet seiner Freundin darüber: *Mein neues Heim liegt wieder in der Nähe von Klin, die Gegend ist jedoch viel hübscher und malerischer als in Maidanowo. Außerdem befindet sich dort nur ein einziges Haus auf einem Gut; ich werde also diese verhaßten Erholungssuchenden nicht vor meinem Fenster vorbeilaufen sehen. Es ist das Dorf Frolowskoje . . .*[153]

Modest urteilt über dieses neue Heim seines Bruders: «Hier konnte er allein sein, weil es keine Sommerfrischler gab; der kleine Garten (mit einem winzigen See und einem Inselchen darin) grenzte direkt an den Wald . . . Wäre der Wald mit der Zeit nicht erbarmungslos abgeholzt worden, hätte Peter Iljitsch wohl bis an sein Ende Frolowskoje nicht verlassen . . .»[154]

1892 mietete Tschaikowsky jenes Haus in Klin, das heute das Tschaikowsky-Museum ist. Nach dem Tode des Komponisten erwarb sein treuer Diener Alexej Sofronow das Haus, verkaufte es aber 1897 an

Landschaft bei Maidanowo

Tschaikowskys Haus in Frolowskoje, 1888

Modest und Tschaikowskys Neffen Wladimir Dawidow (genannt «Bobik»), die es von Anfang an als Archiv einrichteten.

Im Mai 1885 setzte Tschaikowsky die Wahl seines ehemaligen Schülers Sergej Iwanowitsch Tanejew als Direktor des Moskauer Konservatoriums durch. Als die Intrigen noch in vollem Gange waren, schrieb er an Frau von Meck: *Mehr als je ekelt mich die öffentliche Tätigkeit an. Mein Gott, wieviel Enttäuschungen habe ich wieder erlebt, und wie bitter, aber unbestreitbar waren die Wahrheiten, die ich erfuhr!!!*[155]

Doch bereits fünf Tage später konnte er ihr mitteilen: *Ich reise mit dem befriedigenden Gefühl ab, meine Pflicht erfüllt und dem Konservatorium Nutzen gebracht zu haben . . . Da niemand unter den russischen Musikern sich dazu eignete – Rimsky-Korsakow weigerte sich ganz entschieden – ergriff ich Maßnahmen, um Tanejews Wahl zu sichern . . . Das Ergebnis – unbeschreibliche Erschöpfung und eine unendliche Sehnsucht nach Ruhe und Erholung . . .*[156]

Tschaikowskys Vertrauen zu Tanejew (1856–1915) hat sich als gerechtfertigt erwiesen. Dieser integre Mensch und hervorragende Musiker, dessen Urteil Tschaikowsky sehr schätzte, hat viel für die Verbreitung von Tschaikowskys Werken getan. Als Komponist zeigte er großes, technisches Können, doch fehlt es seiner Musik an Phantasie. Trotzdem verdienten seine Kompositionen, öfter aufgeführt zu werden, als dies der Fall ist. Als Pianist hat er eine ganze Reihe von Tschaikowskys Werken uraufgeführt, darunter das *Zweite Klavierkonzert* (1882), das *Klaviertrio* (1882), die *Konzert-Fantasie* (1885) und das *Dritte Klavierkonzert*

(1892). Mit Ausnahme des *Ersten Klavierkonzerts* wurden alle Kompositionen für Klavier und Orchester von Tanejew aus der Taufe gehoben.

Während des Sommers 1885 entstand die *Programmsymphonie über Byrons Manfred,* und zwar auf recht eigenartige Weise. Der alternde Balakirew, ehemaliger Führer des «Mächtigen Häufleins», schlug das Sujet vor und lieferte dazu auch das ganze Programm, dem Tschaikowsky aber nur in großen Zügen folgte. Wie beim Komponieren von *Eugen Onegin* identifiziert sich Tschaikowsky mit einem bestimmten Charakter – diesmal mit der Gestalt Manfreds. Obwohl die Komposition in mancher Hinsicht Tschaikowskys Meisterwerk ist, wurde sie nie populär. Frau von Meck gegenüber drückt Tschaikowsky seine Befürchtungen aus: *Mein «Manfred» wird ein- oder zweimal gespielt werden und dann wohl für längere Zeit von der Bildfläche verschwinden. Niemand, außer einer kleinen Anzahl von Musiksachverständigen, die Symphoniekonzerte besuchen, wird ihn kennen, während die Oper – und nur sie – uns den Menschen nähert, unsere Musik dem Publikum vertraut macht und sie – allerdings nur unter günstigen Bedingungen – zum Besitz des ganzen Volkes und nicht nur eines kleinen Kreises macht.*[157]

In dieser Hinsicht versprach er sich viel von der neuen Oper *Die Zauberin,* an der er arbeitete. Sie wurde erst im Oktober 1887 unter

Das Haus in Klin bei Moskau, heute Tschaikowsky-Museum

seiner Leitung in St. Petersburg uraufgeführt, hatte aber weder dort noch in Moskau Erfolg.

Das Jahr 1885 brachte Tschaikowsky eine geschäftliche Verbindung von großer Bedeutung. Der Pariser Verleger Felix Mackar, ein begeisterter Anhänger seiner Werke, erwarb von Jurgenson die Rechte, diese Werke in französischen Ausgaben herauszubringen. Auch setzte sich Mackar energisch für die Verbreitung der Musik seines Autors ein. Er erbot sich sogar, ein zusätzliches Honorar für die neue *Manfred-Symphonie* zu zahlen. Doch zeigt sich Tschaikowsky von seiner besten Seite, indem er an Jurgenson schreibt:

Selbst wenn «Manfred» das Werk des größten Genies wäre, so wäre es doch eine Symphonie, die wegen ihrer außergewöhnlichen Kompliziertheit und Schwierigkeit nur alle zehn Jahre einmal gespielt werden würde. Andererseits schätze ich sie sehr hoch ein. Wie soll man aber den materiellen Wert eines solchen Werkes bestimmen? . . . Kurzum, ich habe mich entschlossen, von Mackar und auch von Ihnen nichts zu verlangen, und habe ihm das schon geschrieben. Ich bitte Sie auch, die zugesagten tausend Francs von ihm nicht zu verlangen.[158]

Die im März 1886 uraufgeführte *Manfred-Symphonie* wurde von der Presse lauwarm aufgenommen. Über die Premiere schreibt Tschaikowsky am 13. (25.) März an Frau von Meck: *Die Wiedergabe war hervorragend, doch hatte ich den Eindruck einer verständnislosen und kühlen Aufnahme, obwohl das Publikum mir Ovationen nach dem letzten Satz darbrachte. Ich glaube jedoch, sie galten früheren Verdiensten. Anscheinend hat der «Manfred» nicht besonders gefallen.*[159]

Im April fuhr Peter Iljitsch zu seinem Bruder Anatol und dessen Frau nach Tiflis, wo *ich einen der schönsten Monate meines Lebens verbrachte . . . Ich hätte nicht gedacht, daß man meine Musik in Tiflis so gut kennt. Nirgends werden meine Opern so oft gespielt, «Mazeppa» vor allem hatte großen Erfolg. Das alles ist sehr angenehm und nimmt mich für Tiflis ein, das mir sowieso gefällt.*[160]

Von Tiflis ging es per Schiff über Konstantinopel nach Marseille, dann weiter nach Paris, wo Tschaikowsky durch seinen französischen Verleger die ganze musikalische Welt kennenlernen sollte, was ihm *gar nicht angenehm* war. Doch diesmal verkroch er sich nicht, sondern ließ sich feiern, war zu jedermann liebenswürdig und gewann die Sympathien aller. Er machte die Bekanntschaft des alten Conservatoire-Direktors Marmontel, der Komponisten Fauré, Lalo, Thomas, Delibes, Guiraud, sah die Dirigenten Colonne und Lamoureux sowie viele andere Persönlichkeiten der Pariser Musikszene. Vor allem begeisterte ihn die betagte große Sängerin Viardot-Garcia, die das Originalmanuskript von Mozarts «Don Giovanni» besaß, das er in seinen Händen halten durfte.

Häuser am Fluß Kura bei Tiflis

DER DIRIGENT

Ende 1886 bekam Tschaikowskys Leben eine neue Dimension: er entdeckte, daß er dirigieren konnte. Jahre zuvor hatte er es schon einmal versucht, doch war das Resultat für die Musik sowie für seine Nerven katastrophal gewesen: seine krankhafte Menschenscheu ließ sich nicht mit der für einen Dirigenten notwendigen Autorität vereinen. Sein früheres Versagen hatte ihn immer gepeinigt, doch jetzt, als Eduard F. Naprawnik ihn bat, selber die Proben und die ersten Vorstellungen des *Tscherewitschky* (eine Bearbeitung seines *Wakula der Schmied*) in Moskau zu leiten, sagte er zu. So groß war inzwischen sein Selbstvertrauen geworden. Frau von Meck war zunächst dagegen, doch blieb Tschaikowsky bei seinem Entschluß. Er schrieb ihr: *Einem Verhängnis zufolge haben sich die Verhältnisse so gestaltet, daß ich den Versuch unternehmen muß, mich zu überwinden und mich zum letztenmal auf dem Dirigierpult der Prüfung zu unterziehen ... der unüberwindliche Wunsch, mir selbst zu beweisen, wie unbegründet die Zweifel an meiner Dirigentenfähigkeit sind, trugen dazu bei.*[161]

Schon nach den ersten Proben fühlt sich Tschaikowsky seiner Aufgabe gewachsen: *Heute hat sich, mein lieber Modi, für mich etwas sehr Bedeutsames ereignet. Ich habe die erste Orchesterprobe dirigiert und zwar so, daß alle staunten . . . Je näher der schreckliche Tag herankam, je unerträglicher wurde meine Aufregung. Oft war ich nahe daran, auf das Dirigieren zu verzichten . . . Jetzt weiß ich, daß ich dirigieren kann, und werde bei der Vorstellung nicht aufgeregt sein.*[162]

Nicht nur die Oper (die auch unter dem Titel *Oxanas Launen* bekannt ist), sondern auch der debütierende Dirigent wurden von Presse und Publikum umjubelt.

Nach diesem Triumph eilte Tschaikowsky nach Maidanowo, wo er in fieberhafter Arbeit die Instrumentierung der *Zauberin* vollendete. Dann fuhr er zu seinem Bruder nach Tiflis und von dort aus in die Kur nach Borshom. Diese brach er ab, als er erfuhr, daß sein alter Freund Nikolaj Kondratjew schwer krank in Aachen lag. Wie so oft in seinem Leben scheute er keine Anstrengung, wenn er einem Freund beistehen konnte. Über diesen sechswöchigen Aufenthalt berichtet er Frau von Meck am 31. August (12. September) 1887: *Das war eine der schwersten Zeiten meines Lebens. Ich bin in dieser Zeit sehr alt und mager geworden. Eine derartige Lebensmüdigkeit, Niedergeschlagenheit und Apathie hat sich meiner bemächtigt, als müßte auch ich bald sterben . . . Sicherlich wird dieses Empfinden bald vergehen, dem Arbeitseifer eines Komponisten weichen, der ein Ziel erstrebt. Gebe Gott, daß es soweit kommt . . .*[163]

Trotzdem vollendete Tschaikowsky in Aachen seine *Vierte Orchestersuite* (*Mozartiana*).

Anfang November dirigierte er die Uraufführung und drei weitere Vorstellungen seiner mißglückten *Zauberin* in St. Petersburg und verfiel danach in eine schwere Depression. Erst aus Moskau schreibt er am 13. (25.) November an seine Freundin: *Ich habe mir bei keiner anderen Oper solche Mühe gegeben, so gearbeitet; trotzdem hat mich die Presse noch nie so sehr verfolgt wie jetzt . . . Hier leite ich täglich die Proben eines großen Symphoniekonzerts, das ich morgen dirigieren werde. Ich bin sehr müde und fürchte, daß ich meine Gesundheit mit diesen Sorgen und Aufregungen ruiniere . . . Mir stehen viele neue und starke Eindrücke bevor. Sicherlich werde ich nach diesen Reisen bekannter werden; wäre es aber nicht besser, wenn ich zu Hause bliebe und arbeitete?*[164]

Nach dem großen Erfolg seines Moskauer Symphoniekonzerts zieht sich Tschaikowsky nach Maidanowo zurück, um Kraft für die bevorstehende Tournee zu sammeln. Dort verfaßt er am 25. November (7. Dezember) einen merkwürdigen Brief an Nadeshda – merkwürdig deshalb, weil er hier, wie schon lange nicht mehr, einen intimen Ton anschlägt.

Ich habe Sehnsucht nach Ihnen. Ich komme in der letzten Zeit so selten zum Schreiben, die Verbindung zwischen uns ist nicht mehr so eng, wie

1887/88

sie einst war, und es scheint mir, daß ich Ihnen etwas fremd geworden bin . . . Arbeiten kann ich infolge meiner Nervosität nicht, deshalb denke ich viel nach und entsinne mich früherer Zeiten. Genau vor zehn Jahren erlebte ich die schwersten, tragischen Stunden meines Lebens. Weiß Gott, was aus mir geworden wäre, wenn Sie mir nicht geistig und materiell geholfen hätten . . . Ich bin überzeugt, daß die «Zauberin» meine beste Oper ist, und trotzdem wird sie bald ins Archiv wandern. Und was mich am meisten kränkt, ist die Gehässigkeit der Presse, die so tut, als wäre ich zeit meines Lebens ein talentloser Schreiber gewesen, der sich unverdientermaßen einen Namen gemacht hat. Und kein einziger ergriff meine Partei . . . Womit habe ich das verdient? Es ist mir unbegreiflich. Niemals habe ich irgendeinem Menschen bewußt Böses zugefügt.[165]

Modest betrachtet das Jahr 1888 als den Anfang der «letzten Epoche» im Leben seines Bruders: «Im Laufe derselben verwirklichen sich seine kühnsten Träume vom Ruhm; er erreicht einen materiellen Wohlstand und eine allgemeine Achtung, wie sie nicht vielen Künstlern bei Lebzeiten zuteil werden. Argwöhnisch und bescheiden, hört er nicht auf zu staunen und sich zu freuen, daß er in der Fremde und in Rußland bedeutend mehr Teilnahme erfährt, als er erwartet hatte. Nicht mehr und nicht weniger physisch gesund als zuvor, zärtlich und grenzenlos von denen geliebt, die er selbst zärtlich und grenzenlos liebte, scheint er ein Musterbeispiel auf Erden möglichen Glückes zu sein – und ist doch unglücklicher als je.»[166]

Modests Überzeugung, sein Bruder hätte besser daran getan, beim Komponieren zu bleiben und auf das Dirigieren zu verzichten, wird von vielen geteilt. Tschaikowsky hatte es nicht nötig, zusätzlich Geld zu verdienen; außerdem blieb ihm bei seiner Lebensführung wenig von den Honoraren übrig. Seine Musik hätte auch ohne sein Zutun ihren Weg gemacht. Doch konnte er der Verlockung nicht widerstehen: die Ovationen, das Reisen, und nicht zuletzt . . . *die Begeisterung eines Dirigenten, dessen Werke von seinem hervorragenden Orchester mit Liebe und Hingabe gespielt werden. Diese Freude war mir neu. Sie ist so überwältigend und seltsam, daß ich sie nicht zu schildern vermag.*[167]

Tschaikowskys erste Tournee als Dirigent brachte ihm viel Anerkennung. Überall wurde er als der führende russische Komponist empfangen. In seinem *Tagebuch meiner Reise 1888*, das kurz nach seinem Tode veröffentlicht wurde, schreibt Tschaikowsky ausführlich über seine Konzerte und Erlebnisse in Leipzig, Hamburg und Berlin. Ein intimes, gleichzeitig geführtes Tagebuch enthält nur stichwortartige Eintragungen, die durchsetzt sind mit Bemerkungen wie: *Trunkenheit; Ich trank so viel, daß ich mich an nichts mehr entsinne; Endlose Trunkenheit und Reden.*

Das erste Konzert dieser Tournee fand im sanctum sanctorum der deutschen Musik statt: im Leipziger Gewandhaus, das Tschaikowsky als den herrlichsten Konzertsaal der Welt empfand. Sein Konzert war ein Publikumserfolg; die Presse verhielt sich freundlich, auch wenn sie manches auszusetzen hatte. In Leipzig traf Tschaikowsky mit vielen deutschen Komponisten zusammen. An seinen Verleger Jurgenson berichtet er: *Mit Brahms bin ich viel zusammen gewesen. Er ist kein Trunkverächter, aber ein sehr netter Mensch und gar nicht so stolz, wie ich gedacht hatte. Ganz und gar bezaubert hat mich Grieg. Das ist eine überaus sympathische Persönlichkeit, desgleichen auch seine Frau. Reinecke ist sehr liebenswürdig. Bei der ersten Probe stellte er mich dem Orchester vor, und ich wandte mich an dasselbe mit einigen Worten in deutscher Sprache: «Meine Herren, ich kann nicht deutsch reden, aber ich bin stolz, daß ich mit einem so ... so ... das heißt ... ich bin stolz ... ich kann nicht ...» Das war die Ansprache. Das Orchester ist ausgezeichnet; ich hatte bisher nicht geahnt, daß unsere Orchester, sogar die besten, so weit hinter den erstklassigen deutschen zurückstehen ...*[168]

In Hamburg war der Erfolg Tschaikowskys nicht ganz so eindeutig: ein Teil der konservativen Presse fand seine Musik zu wild und zu barbarisch. In Berlin dagegen wurde er von Publikum und Presse gefeiert. Unter den vielen Menschen, denen er dort begegnete, war seine Jugendliebe Désirée Artôt-Padilla.

Konzert im Saal des Gewandhauses, Leipzig

Ich war unaussprechlich glücklich, sie wiederzusehen. Wir erneuerten sofort unsere Freundschaft ohne Anspielung auf die Vergangenheit. Ihr Gatte Padilla umarmte mich herzlich. Morgen wird sie ein Diner geben. Sie ist als ältere Dame noch ebenso bezaubernd wie vor zwanzig Jahren.[169]

Im Laufe seines Aufenthalts in Deutschland blieb er einige Tage zur Erholung in Lübeck und in Magdeburg; dann durchkreuzte er das Land mehrere Male, um Konzerte und Opernvorstellungen zu genießen; zuletzt in Leipzig, wo Arthur Nikisch «Die Meistersinger» auf Tschaikowskys Wunsch aufführte.

Von Leipzig fuhr Tschaikowsky nach Prag, um dort zwei Konzerte mit eigener Musik unentgeltlich «aus patriotischen Gründen» zu dirigieren. Am 10. (22.) Februar schreibt er aus Prag an Frau von Meck: *Von der ersten Minute meiner Ankunft bis heute reihten sich ununterbrochen unzählige Feiern, Empfänge, Proben, Besichtigungen und Sehenswürdigkeiten usw. Man empfing mich so, als käme ich nicht als Vertreter der russischen Musik, sondern Rußlands. Meine Lage war etwas peinlich, da die Ehren, die mir erwiesen wurden, in Wirklichkeit nicht mir, sondern Rußland galten . . . Was nun die Konzerte selbst betrifft, so hatten sie einen Riesenerfolg . . .*[170]

Modest kommentiert: «Jene 10 Tage bilden den Kulminationspunkt des irdischen Ruhms, den Peter Iljitsch bei Lebzeiten erreicht hat.»[171]

In Paris, wo sich Tschaikowsky drei Wochen lang aufhielt, dirigierte er zwei Konzerte im Châtelet. Sie wurden vom Publikum bejubelt, von der Presse aber ziemlich kühl und verständnislos besprochen. Die führenden französischen Musiker – darunter Gounod, Massenet, Godard, Diémer, Colonne und Fauré – drückten ihm ihre Verehrung aus, nicht zuletzt wegen der freundschaftlichen Politik, die damals zwischen Frankreich und Rußland betrieben wurde.

Von Paris aus machte Tschaikowsky einen Abstecher nach London, wo er am 22. März in St. James Hall ein Konzert mit dem Orchester der Philharmonischen Gesellschaft dirigierte. Hier wurde er weniger gefeiert und eingeladen, dafür aber spendeten ihm Publikum und Presse enthusiastischen Beifall. Seine große Beliebtheit in England datiert von diesem kurzen Besuch.

Während der Rückreise schreibt Peter Iljitsch an Nadeshda: *Sechs Nächte habe ich im Zuge verbracht . . . Ist es nicht merkwürdig, daß ich nach einer ermüdenden dreimonatigen Wanderung durch die Fremde schon wieder an neue Reisen denke? So aber ist der Mensch, kaum ist meine als höchstes Glück ersehnte Rückkehr nach Rußland zur Tatsache geworden, da wünsche ich mir bereits eine neue Reise im kommenden Jahr!*[172]

Prag: Die Karlsbrücke

DIE «FÜNFTE SYMPHONIE» UND ANDERE MEISTERWERKE

In der Stille seines neubezogenen Hauses in Frolowskoje verbringt Tschaikowsky den Sommer bei der Arbeit an der *Fünften Symphonie* und der *Hamlet-Ouvertüre*. Selbst auf dem Höhepunkt seines Könnens plagen ihn Zweifel, die er Nadeshda von Meck preisgibt: *... Ich will jetzt tüchtig arbeiten, um mir selbst, aber auch den anderen zu beweisen, daß ich mich noch nicht ausgeschrieben habe. Oft überkommen mich Zweifel, und ich stelle mir die Frage: ist es nicht an der Zeit, aufzuhören? Habe ich meine Phantasie nicht überanstrengt? Ist die Quelle vielleicht schon versiegt?*[173]

Anfang November dirigierte Tschaikowsky in St. Petersburg seine beiden neuen Werke: die *Fünfte Symphonie* und die *Hamlet-Ouvertüre*.

Jules Massenet

Letztere wurde kühl aufgenommen, während die Symphonie einen durchschlagenden Erfolg hatte, außer bei einigen Kritikern, die dem Komponisten «Effekthascherei», «Routine» und dergleichen vorwarfen. Daraufhin fuhr er wieder nach Prag, wo er aber von seinem Empfang etwas enttäuscht war. Die von ihm selber dirigierte Aufführung seines *Eugen Onegin* machte jedoch großen Eindruck. Der tschechische Komponist Antonín Dvořák war von dem Werk begeistert und schrieb einige Wochen später an Tschaikowsky: «Es ist eine wundervolle Schöpfung, voll warmer Empfindung und Poesie und in allen Einzelheiten gekonnt, kurzum, diese Musik ist bestrickend und dringt so tief in unser Herz ein, daß man sie nie wieder vergessen kann . . . Gebe Gott, daß Sie uns noch viele Werke wie dieses schenken mögen!»[174]

Ende 1888 und Anfang 1889 zog sich Tschaikowsky nach Frolowskoje zurück, wo er einen Teil des Balletts *Dornröschen* komponierte, eine Auftragsarbeit für das Kaiserliche Theater. Dann fuhr er über Berlin nach Köln, wo er seine *Dritte Suite* mit dem Gürzenich-Orchester dirigierte; von der hohen Qualität dieses Klangkörpers war er begeistert. Dort und anschließend in Frankfurt am Main wurden das Werk und dessen Autor mit großem Beifall empfangen.

Einige der Besprechungen muten allerdings recht merkwürdig an. Ein Frankfurter Kritiker stellte fest, Tschaikowsky gehöre, «abgesehen von seiner in dem nationalen Element der russischen Musik wurzelnden spezifischen Eigenart, als Komponist der neudeutschen Schule an . . .»[175] In der «Dresdener Zeitung» war dieses sonderbare Urteil zu lesen: «Seine *Vierte Symphonie in f-moll* ist eine groß angelegte und mit bedeutendem technischen Geschick durchgearbeitete Komposition. Sie macht aber keinen tieferen Eindruck, weil sie weniger auf Herz und Gemüt wirkend, als auf den Verstand, zum größeren Teile aus geistreichen, blendenden, durch eine geschickte Mache verbundenen Phrasen besteht . . .»[176] Dagegen behaupteten die «Dresdener Nachrichten»: «Groß und kühn ist das Werk erfunden und ebenso ausgeführt. Die Gedanken erscheinen in scharfer und konziser Prägung, die Melodienbildungen sind originell, die harmonischen Wendungen eigenartig, dabei aber immer von treffender Charakteristik.»[177]

Nach Dresden und Berlin folgten Aufführungen in Genf und in Hamburg, wo der angesehene Kritiker Josef Sittard die *Fünfte Symphonie* eine der «bedeutendsten musikalischen Erscheinungen der letzten Zeit» nannte.

Anschließend fuhr Tschaikowsky zur Erholung nach Hannover. Doch hielt er das Alleinsein nur drei Tage lang aus und reiste weiter nach Paris, wo er drei Wochen verbrachte. Laut Modest war er «nur um zwei Dinge besorgt: erstens wollte er Massenet für ein Moskauer Symphoniekonzert gewinnen, und zweitens bemühte er sich, seinen Einfluß und seine Verbindung zu Gunsten Sapelnikows geltend zu machen, dessen virtuoses Talent er sehr hochschätzte»[178].

Der junge russische Pianist Wassilij Sapelnikow war ein Protegé Tschaikowskys, und er spielte am 30. März 1889 das *Erste Klavierkonzert* in London. Dies war Tschaikowskys letztes Konzert der dreimonatigen Tournee.

Anschließend fuhr er nach Marseille, dann per Schiff über Konstantinopel nach Batun, hielt sich einige Tage in Tiflis und Moskau auf und traf erschöpft und apathisch Mitte Mai 1889 wieder in Frolowskoje ein. Dort nahm er die Arbeit an *Dornröschen* wieder auf, fühlte sich bald besser und beendete das bezaubernde Ballett sehr rasch. Der Entwurf hatte 40 Arbeitstage in Anspruch genommen; die Partitur wurde Ende August fertig. Die Uraufführung fand im Januar 1890 im Petersburger Marijinsky-Theater statt und bestätigte Tschaikowskys Meinung, dieses Ballett gehöre zu seinen besten Werken. Der geniale Ballettmeister Marius Petipa übertraf sich selber in der Choreographie; die Ausstattung war prachtvoll. Die reiche Partitur, die nicht mehr ist als eine Tanzbegleitung, bildet einen Meilenstein in der Geschichte der Ballettmusik und den Ausgangspunkt ihrer weiteren Entwicklung.

Den Winter 1889/90 wollte Tschaikowsky in Moskau verbringen, wo er die Früchte seiner Bemühungen um die Konzerte der Musikgesellschaft genießen wollte. (Dank Tschaikowskys Initiative, für jedes Konzert einen berühmten Dirigenten zu verpflichten, traten dort Künstler

Antonín Dvořák

auf wie Rimsky-Korsakow, Siloti, Arensky, Klindworth, Rubinstein, Dvořák, Ippolitow-Iwanow, Naprawnik und Colonne.) Außerdem nahm er aktiven Anteil an der Jubiläumsfeier für den sechzigjährigen Anton Rubinstein. Obwohl Tschaikowsky bisher fast ausschließlich eigene Werke dirigiert hatte, bestritt er zwei schwierige Konzerte mit der Musik seines ehemaligen Lehrers. Frau von Meck gestand er in einem Brief vom 22. November (4. Dezember) 1889: *Es gab Augenblicke, da meine Kräfte dermaßen nachließen, daß ich für mein Leben fürchtete. Besonders schwer war die Einstudierung des «Turmbaus von Babel» mit einem Chor von siebenhundert Personen ... Ich will Ihnen nur gestehen, daß ich vom 1. bis zum 19. November ein Martyrium durchgemacht habe und jetzt noch darüber staune, daß ich alles ertragen konnte.*[179]

Obwohl Tschaikowsky auf diesen Brief keine Antwort bekam, schrieb er Nadeshda von Meck einen Monat später:

Ich habe keine Kraft mehr und habe beschlossen, sämtliche In- und Auslandskonzerte abzusagen und auf vier Monate nach Italien zu fahren, um mich auszuruhen und an meiner zukünftigen Oper zu arbeiten. Als Sujet habe ich mir Puschkins «Pique Dame» ausgesucht ... Die letzte Woche habe ich in einer äußerst schlechten Stimmung verbracht und große Unannehmlichkeiten gehabt, deren Ursache die Dame ist, die ich in meiner Korrespondenz mit Ihnen einst als «gewisse Person» bezeichnet habe ... Wegfahren, nur so schnell wie möglich wegfahren! Niemanden sehen, nichts wissen, nur arbeiten, arbeiten, arbeiten ... das ist es, wonach meine Seele sich sehnt![180]

Tschaikowsky entfloh den Erpressungsversuchen seiner Frau nach Florenz, wo er wie ein Besessener an der neuen Oper *Pique Dame* arbeitete, für die Modest Tschaikowsky das Libretto schrieb. Dort und anschließend in Rom komponierte er das Werk in der unglaublich kurzen Zeit von 44 Tagen. Seit 1882 war er nicht mehr in Italien gewesen; sein Wiedersehen mit Florenz enttäuschte ihn, wogegen er Rom nach wie vor sehr anziehend fand. Trotzdem sehnte er sich nach Rußland zurück.

Endlich erreichten ihn einige Zeilen von seiner geliebten Freundin, deren Gesundheitszustand sich immer mehr verschlechterte. Sie hielt sich in Nizza auf, und dorthin antwortete er ihr: *Ich hatte den Anblick Ihrer Handschrift schon so lange vermißt! Und ich bin der Ansicht, daß – Ihrer Schrift zufolge – Ihre Befürchtungen über die Krankheitsfolgen nicht angebracht sind . . .*[181]

Sicherlich hatte Tschaikowsky keine Ahnung davon, wie schlecht es Nadeshda von Meck wirklich ging. Außerdem war er zu jener Zeit so ausschließlich in seine neue Oper *Pique Dame* vertieft – wie es früher auch bei *Eugen Onegin* der Fall gewesen war –, daß er nur in jener gespenstischen Welt lebte.

«Pique Dame» im Bolschoi-Theater, St. Petersburg

Mit dem Neffen «Bobik» Dawidow

Anfang Mai kehrte Tschaikowsky nach Frolowskoje zurück, wo er *Pique Dame* instrumentierte, das *Sextett für Streicher* komponierte und den Besuch einiger Freunde empfing, darunter den seines Neffen Wladimir Dawidow, der ein Sohn seiner geliebten Schwester Sascha war. Tschaikowsky vergötterte diesen schönen, übersensiblen Jungen, dem er seine *Sechste Symphonie* widmete. Richard H. Stein bemerkt: «Manche seiner Briefe an den Neffen sind in einem Ton gehalten, wie er sonst nur unter ganz jungen Verliebten üblich ist. Er vertraute ihm in den letzten Jahren seines Lebens alles an, was sein Herz bewegte, und machte ihn schließlich auch zu seinem Universalerben.»[182] «Bobik», wie Tschaikowsky ihn oft nennt, nahm sich 1906 mit 35 Jahren das Leben. Es ist sehr schwer, sich ein gültiges Bild von ihm zu machen, denn begreiflicherweise sagt Modest nur wenig über seinen Neffen aus. Die Herausgeber des Buches «Geliebte Freundin» behaupten, er habe Rauschgift genommen, und nennen ihn «ein zu schwaches Rohr, um sich auf ihn stützen zu können». Wladimir Lakond, der die Tagebücher Tschaikowskys herausgab, schreibt: «Es gibt Grund, zu glauben, daß . . . die Zuneigung mehr als eine platonische war.»[183]

BRUCH MIT NADESHDA VON MECK

Im September 1890 war Tschaikowsky bei seinem Bruder Anatol in Tiflis zu Besuch. Dort erreichte ihn ein Brief von Nadeshda von Meck, der ihn von Grund auf erschütterte. Seine Freundin brach die Freundschaft jäh ab, und teilte ihm außerdem mit, sie müsse die Rente einstellen, da sie erhebliche Verluste erlitten habe. Diese Mitteilung kam um so überraschender, als sie kurz zuvor eine beträchtliche Summe als «Vorschuß» überwiesen hatte.

Leider ist dieser wichtige Brief, der letzte, den Frau von Meck schrieb, verschollen. Aus Tschaikowskys Antwort folgert man, daß Nadeshda ihn bat, sie nicht zu vergessen und «zuweilen an sie zu denken». Tschaikowsky antwortete am 22. September (4. Oktober) 1890, daß er sie nie vergessen werde, *denn sooft ich an mich selbst denke, wenden sich meine Gedanken auch unvermeidlich Ihnen zu. Von ganzem Herzen küsse ich Ihre Hände und bitte Sie, ein für allemal zu erkennen, daß niemand größere Teilnahme für Ihre Sorgen hat als ich.*[184]

Was die finanzielle Seite betrifft, so bittet er sie, sich keine Sorgen deswegen zu machen. *Ich würde sicherlich lügen, wenn ich behaupten wollte, daß eine so beträchtliche Verringerung meiner Einnahmen meine wirtschaftliche Lage überhaupt nicht berührte; doch sie tut es in viel geringerem Maß, als Sie vermutlich glauben. In den letzten Jahren haben sich meine Einkünfte bedeutend vergrößert, und es ist anzuneh-*

men, daß sie auch weiterhin rasch steigen werden . . .[185]

Als Tschaikowsky erfuhr, daß Frau von Meck keineswegs ihr gesamtes Vermögen verloren hatte, war er außer sich: nicht nur, weil er seine Rente einbüßte, sondern vor allem aus verletztem Stolz. Er glaubte, während all dieser Jahre das Spielzeug einer reichen, herzlosen Frau gewesen zu sein, die ihn nun wie einen ihrer Diener entließ. Laut Modest war dies «eine jener Kränkungen, die Peter Iljitsch mit ins Grab nahm». Die Tatsache, daß all seine weiteren Briefe an Nadeshda ohne Antwort blieben, war für ihn «die tödlichste Kränkung», und «weder der großartige Erfolg der *Pique Dame* noch die tiefe Trauer über den Tod der geliebten Schwester (im April 1891), noch der Triumphzug durch Amerika vermochten diesen Schmerz zu lindern»[186].

Sein letzter Versuch, Nadeshda über ihren Schwiegersohn Wladislaw Pachulsky, den Gatten Julia von Mecks und Tschaikowskys ehemaligen Schüler, zu erreichen, blieb fruchtlos. Pachulsky schickte Tschaikowskys Brief zurück mit der fadenscheinigen Erklärung, «daß ihre äußerliche Gleichgültigkeit die Folge schwerer nervöser Leiden wäre, daß sie aber im innersten ihrer Seele Peter Iljitsch noch lieb hätte»[187]. Es ist denkbar, daß auch Pachulsky und seine Frau Julia die Fortsetzung dieser Beziehung verhindern wollten.

Für Nadeshda von Mecks Handeln gibt es die verschiedensten Hypothesen. John Warrack behauptet kategorisch, daß Frau von Mecks zweite Tochter Alexandra ihrer Mutter von Tschaikowskys homosexueller Veranlagung berichtet habe. Doch vertritt er die Meinung: «. . . eine so intelligente Frau, die sich bemühte, alles über ihren Komponisten ausfindig zu machen, kann dies kaum oder gar nicht überrascht haben.»[188]

Es ist durchaus möglich, daß Gräfin Alexandra Benningsen ihre Mutter darüber aufgeklärt hat, denn laut Galina von Meck war sie «ein böser Geist in der Familie meiner Großmutter Nadeshda von Meck . . . [Alexandra] war eine harte und sogar noch herrschsüchtigere Person als ihre Mutter. Auch hat sie ihre Mutter gehaßt.»[189]

Das 1973 erschienene Buch Galina von Mecks «As I Remember Them» enthält zudem eine Information ziemlich sensationeller Art, die, soweit wir feststellen können, sonst nirgends zu finden ist: nämlich daß Nadeshdas letzte Tochter Ludmilla (Miloschka) illegitim war – die Frucht der Liebe zwischen der vierzigjährigen Nadeshda und Alexander Yolshin, dem etwas jüngeren Sekretär ihres Mannes. «Vier Jahre lang», so erzählt Galina, «wußte mein Großvater nichts davon . . .» Im Januar 1876 fuhr Karl von Meck nach St. Petersburg, wo er wie gewöhnlich bei seiner Tochter Alexandra Benningsen abstieg. «Am folgenden Abend, im Laufe einer friedlichen Unterhaltung, eröffnete meine Tante Sascha meinem Großvater, seine jüngste Tochter sei gar nicht seine Tochter. Einige Stunden später . . . erlag Großvater einem Herzschlag.»[190]

Wie immer die Einzelheiten, die zu dem Bruch zwischen Peter Iljitsch

Nadeshda von Meck mit ihrer Tochter Ludmilla

und seiner geliebten Freundin führten, ausgesehen haben mögen, eines steht fest: Nadeshda war damals eine schwerkranke Frau, die ihren Freund nur um wenige Monate überlebte. Modest schreibt, «daß seit 1890 das Leben N. P. von Mecks in der Tat ein langsames Dahinsiechen infolge eines furchtbaren Nervenleidens war, welches ihre Beziehungen nicht nur zu Peter Iljitsch allein verändert hatte.»[191]

Noch einmal müssen wir auf das 1973 erschienene Buch von Galina von Meck (der Tochter von Nadeshdas Sohn Nikolaj und Tschaikowskys Nichte Anna Dawidowa) zurückkommen, denn wenn die Behauptungen der 1891 geborenen Galina der Wahrheit entsprechen, werden manche wichtige Details entschleiert. Galina schreibt: «Da meine Mutter einen starken Charakter und einen gesunden Menschenverstand besaß, vertraute ihr Großmutter Nadeshda in den letzten Jahren ihres Lebens vieles an. Es kursieren falsche Gerüchte, nach denen meine Großmutter in den letzten Jahren ihres Lebens geistesgestört gewesen sei. Ihr Sohn Wladimir erlag einigen Schlaganfällen. Er hatte ein ausschweifendes Leben geführt und viel getrunken. Auch seine Frau war sehr krank. Gemeinsam unterminierten sie das Familienvermögen. Außerdem wurde meine Großmutter von einigen Menschen, denen sie großes Vertrauen entgegenbrachte, enttäuscht. Angeheiratete Familienmitglieder protestierten gegen die finanzielle Unterstützung, die sie Tschaikowsky gewährte. Und dann traf sie der härteste Schlag. Meine ‹liebe› Tante Sascha Benningsen erschütterte von Grund auf das Leben meiner Großmutter, indem sie ihr eröffnete, warum mein Großvater so plötzlich in Petersburg gestorben war.»[192]

Nun tritt in Galinas Chronik eine Figur auf, die sonst nirgends erwähnt zu sein scheint, die aber eine bedeutende Rolle im Bruch zwischen Nadeshda und Peter Iljitsch gespielt haben mag: Fürst Andrej Schyrinsky-Schykhmatow. Nadeshdas jüngste Tochter Miloschka verliebte sich in diesen gutaussehenden, selbstherrlichen Mann, den sie dann auch heiratete. Und wieder richtete die «liebe» Tante Sascha Unheil an: «Sie erzählte dem jungen Paar, daß Miloschka unehelich war. Von diesem Augenblick an entwickelte sich in Andrej eine latente Machtgier. Zunächst begnügte er sich mit der Macht über seine junge Frau . . . Dann erpreßte er seine Schwiegermutter. Anscheinend bereitete es ihm eine große Genugtuung, diese stolze, herrische Frau erniedrigt und verängstigt zu sehen. Er hatte sie in der Hand . . . Wenn er wollte . . . könnte die ganze Welt von ihrem Liebhaber und dem Kind aus dieser Verbindung erfahren. Auch Tschaikowsky könnte es zu Ohren kommen.»[193] Schließlich beteuert Galina von Meck, zwischen Nadeshda und Peter Iljitsch sei es kurz vor seinem Tode zu einer Versöhnung gekommen, und zwar durch die Vermittlung ihrer Mutter Anna. Tschaikowsky habe diese 1893 in Moskau aufgesucht und sie gebeten, seiner geliebten Freundin zu sagen, wie sehr er unter dem dreijährigen Schweigen gelitten habe. Nadeshda ihrerseits ließ ihm ausrichten, ihre Gefühle ihm gegenüber hätten sich nie verändert. An dem Tag, an dem er Nadeshdas Botschaft erhielt, besuchte Tschaikowsky seinen Freund Kaschkin und erzählte ihm spontan, daß er sich mit Frau von Meck versöhnt habe und darüber sehr glücklich sei.

Heute, mehr als acht Jahrzehnte nach dem Tod des Komponisten ist es ungemein schwer, festzustellen, wie sich die Dinge in Wirklichkeit zugetragen haben. Man weiß nicht, inwieweit die «Tatsachenberichte» von Freunden und Verwandten, die die primäre Quelle unserer Kenntnisse bilden, auf Voreingenommenheit, Parteilichkeit, Vermutungen oder, schlimmstenfalls, purer Erfindung beruhen.

Vom Geld ist die Rede, von wem noch?

«Warum hat mir niemand gesagt . . .

. . . daß man ein Cellokonzert wie dieses schreiben kann!» rief Brahms aus, als er das Opus 104 des Mannes hörte, von dem hier die Rede ist. Brahms hatte den Musiker früher schon gefördert: Er hatte ihm ein Stipendium des Kultusministeriums in Wien verschafft. Der Mann war damals in der Mitte seiner dreißiger Jahre gewesen, und das Stipendium hatte Jahre bitterster Not beendet und ihm zum erstenmal im Leben genügend Geld vermittelt, um in Ruhe komponieren zu können.

Zuvor hatten er und seine Frau von minimalen Einnahmen gelebt. Er hatte in Wirtshäusern zum Tanz gefiedelt, hatte private Musikstunden gegeben und die Geige in einem Theaterorchester gespielt. Aber das reichte nicht zum Nötigsten. Er konnte es sich nicht leisten, ein Klavier zu mieten, ja nicht einmal zum Kauf von genügend Notenpapier hatte er Geld gehabt.

Das Geigespielen hatte er zu Hause gelernt. Sein Vater besaß eine Metzgerei mit Gastwirtschaft, und früh schon fiedelte der Sohn in der Kapelle mit, die vor dem Gasthaus zum Tanz aufspielte. Seine Schullehrer förderten das junge Talent, aber der Vater willigte erst nach langem Streit ein, seinem Sohn das Musikstudium zu erlauben. 18 Jahre mit andauernden finanziellen Sorgen lagen vor ihm.

Als ihm das Wiener Stipendium schließlich für vier Jahre finanzielle Sicherheit bot, war er eben erst als Komponist bekanntgeworden. Nach den Begeisterungsstürmen in seiner Heimat wurde auch das Ausland auf den Musiker aufmerksam. Vor allem in England, das er oft besuchte, gewann er viele Freunde. Mit 50 Jahren war er längst weltberühmt, als er die Leitung des National Conservatory of Music of America in New York übernahm. Vier Jahre blieb er in den USA, dann kehrte er in die Heimat zurück, nach Prag. Von wem war die Rede?

(Alphabetische Lösung: 4–22–15–18–1–11)

Immer wieder charakterisiert Modest seinen Bruder während der letzten drei Jahre als unglücklich, verbittert, verdüstert. Von außen gesehen, das heißt an Tschaikowskys Lebenswandel, in seinen Briefen und anderen Schriften, merkt man wenig davon. Es ist, als ob Peter Iljitsch seine Maske noch weniger lüftete als je zuvor. Die Fülle von Briefen sind vorwiegend geschäftlicher Natur; aber auch die an seine Verwandten geben wenig Einblick in das, was in ihm vorging. Die ungewöhnliche und widerspruchsvolle Geschäftigkeit Tschaikowskys in diesen Jahren war auch seinem Bruder unerklärlich. Modest schreibt: »Überhaupt will ich die meine Kräfte übersteigende Aufgabe nicht auf mich nehmen, die letzte psychologische Evolution der Seele Peter Iljitschs zu enträtseln.»[194]

Er stellt jedoch fest, daß Tschaikowsky so tat, «als habe er aufgehört, sich selbst zu gehören; als sei er in die Gewalt eines gewissen Etwas gekommen, das ihm seinen Willen geraubt hatte und ihn willkürlich hin und her warf ... Dieses geheimnisvolle Etwas ist jene unergründlich düstere, unruhige, hoffnungslose Stimmung, die in der Zerstreuung – gleich welcher Art – Beruhigung suchte. Ich erkläre sie nicht durch die Vorahnung des nahen Todes: dazu liegen nicht die geringsten Gründe vor.»[195]

In der Tat hat man den Eindruck, daß Tschaikowskys Tätigkeiten in der letzten Lebensperiode unmotiviert und fast automatisch waren. Sicherlich hat ihn der Bruch mit Nadeshda (aus welchem Grund immer: aus enttäuschtem Vertrauen oder beleidigtem Stolz) sehr tief getroffen, und Modests Behauptung, daß «die Wunde nie heilte, ihn ununterbrochen schmerzte und die letzten Jahre seines Lebens verdüsterte»[196], ist nicht von der Hand zu weisen.

Tschaikowsky blieb bis Ende Oktober 1890 in Tiflis, wo er an der symphonischen Dichtung *Der Wojewode* arbeitete, die er später als *furchtbaren Mist* bezeichnete und deren Partitur er zerriß. Im November wurde in St. Petersburg die Oper *Pique Dame* uraufgeführt; im Dezember fand die Erstaufführung in Kiew statt. Tschaikowsky wohnte beiden Aufführungen bei und fuhr dann nach Kamenka; dort sah er zum letztenmal seine Schwester, die kurz darauf starb. In Frolowskoje begann er ein neues Ballett, *Der Nußknacker*, dann fuhr er über Paris nach Le Havre und schiffte sich dort am 18. April 1891 nach den USA ein. Am 25. April landete er in New York.

In erster Linie wurde er nach Amerika eingeladen, um als Dirigent eigener Werke an den Feierlichkeiten teilzunehmen, die anläßlich der Eröffnung der neuen Music Hall (später Carnegie Hall) stattfanden. In New York wirkte er in vier Konzerten mit und trat anschließend in Philadelphia und Baltimore auf. Überall wurde er als Berühmtheit emp-

Das Philharmonie-Orchester in der Carnegie Hall, New York

fangen und von «hohen Leuten» – unter anderem von dem vielfachen Millionär Andrew Carnegie – bis zum Überdruß gefeiert. Über die Zeitungsberichte ärgerte er sich, denn sie befaßten sich vor allem mit seiner Person. Im «Herald» konnte er lesen, er sei «ein großer, grauhaariger, gutgewachsener, interessant aussehender Mann, wohl an die Sechzig» . . . obwohl er in diesen Tagen seinen 51. Geburtstag feierte. Und weiter hieß es: «Er scheint leicht verlegen und nimmt den Beifall mit kurzen, ruckartigen Verbeugungen entgegen.»

Das ausführliche Tagebuch, das Tschaikowsky während seiner Amerika-Reise führte, ist im Grunde recht nichtssagend. Er beschreibt in allen Einzelheiten seine Begegnungen mit wichtigen und unwichtigen Leuten, seinen Ausflug zu den Niagarafällen, die Menüs der endlosen Diners und Soupers und seine oft naiven Eindrücke von amerikanischen Sitten und Bräuchen.

Erstaunliche Leute, diese Amerikaner! Die Offenheit, Ehrlichkeit und Großzügigkeit ohne jeden Hintergedanken und ihr Eifer, gefällig zu sein, sind einfach verblüffend und gleichzeitig rührend, schrieb er am 28. April.[197]

Die Kritiker äußerten sich lobend über Tschaikowskys Werke, die in Amerika schon längst anerkannt waren. Trotzdem ist das Leitmotiv dieses letzten Tagebuchs von Peter Iljitsch sein Heimweh nach Rußland. Am 1. Juni traf er endlich in St. Petersburg ein, erschöpft und nicht viel reicher, denn er gab das Geld mit vollen Händen aus, als sei er ein

Millionär. Zeit seines Lebens unterstützte er auch Verwandte und Freunde, die ihn um finanzielle Hilfe baten.

Während des Sommers 1891 arbeitete Tschaikowsky am *Nußknacker*-Ballett und an der neuen Oper *Jolanthe*, deren Libretto Modest Tschaikowsky verfaßte. Ende des Jahres dirigierte er in Kiew und in Warschau. Dann fuhr er nach Hamburg, wo ein junger Dirigent namens Gustav Mahler eine ganz großartige *Eugen Onegin*-Aufführung dirigierte. Am 19. März 1892 fand in St. Petersburg unter Tschaikowskys Leitung die Uraufführung der Orchestersuite aus dem *Nußknacker* statt. Das ganze Ballett erlebte erst am 6. (18.) Dezember seine Premiere, und zwar mit geringem Erfolg. Es war mit dem Einakter *Jolanthe* gekoppelt, und auch diese Oper fiel durch. Gerald Abraham faßt ihre Schwächen folgendermaßen zusammen: «Die Musik ist oft recht hübsch, aber dramatisch unwirksam und ohne Charakter.»[198]

Seinen letzten Wohnsitz, das Haus in Klin, bezog Tschaikowsky im Mai 1892. Dort begann er den Entwurf zu einer neuen Symphonie, die nie vollendet wurde, doch verwendete er Material daraus in seinem *Dritten Klavierkonzert*. Dann brach er nach Berlin, Paris und Vichy auf, wo er sich, zusammen mit seinem Neffen Bobik, einer Magenkur unterzog. Zurück in Klin machte er sich an die Korrektur einiger Partituren, die in Druck gingen. Im September fuhr er zunächst über Moskau nach Wien und Prag und wieder zurück nach Klin; im November/Dezember nach St. Petersburg, Berlin, Basel, Paris und Brüssel. Zwischendurch machte er einen Abstecher nach Montbélliard, um seine siebzigjährige Erzieherin Fanny Dürbach zu besuchen. Seinem Bruder Nikolaj schildert er die Begegnung: *Sie empfing mich, als wenn wir uns nur ein Jahr nicht gesehen hätten ... Ich kann Dir gar nicht sagen, welch ein wunderbares, zauberhaftes Gefühl mich umfangen hielt, während ich ihren Erzählungen lauschte und in jenen Heften und Briefen las. Die Vergangenheit erstand in allen ihren Einzelheiten so lebendig in meinem Gedächtnis, daß ich die Luft von Wotkinsk zu atmen und die Stimme der Mutter zu hören vermeinte ...*[199]

Nach seinem letzten Konzert in Brüssel eilte Tschaikowsky nach Odessa, wo ihm ein Empfang bereitet wurde, der sogar die triumphalen Tage in Prag übertraf. Innerhalb von zwölf Tagen dirigierte er fünf Konzerte, hielt viele Proben ab und wurde zu unzähligen Diners und Soupers eingeladen. In Odessa saß er auch für das bekannte Porträt, das der Maler Kusnezow von ihm machte. Trotzdem schreibt er an Modest: *Ich muß den Glauben an mich selbst wiedergewinnen, denn er ist sehr erschüttert: es scheint mir, ich hätte meine Rolle ausgespielt ...*[200]

Nach Klin zurückgekehrt nimmt er eine neue Komposition in Angriff: die *Sechste («pathetische») Symphonie*, die beweist, daß Tschaikowskys Rolle keineswegs ausgespielt ist. In einem Schreiben an Bobik, dem sie gewidmet ist, nennt er sie *eine Programmsymphonie, deren Programm aber für alle ein Rätsel bleiben soll – mögen sie sich nur die Köpfe zerbrechen ... Dieses Programm ist durch und durch subjektiv, und ich habe nicht selten während meiner Wanderungen, sie in Gedanken komponierend, bitterlich geweint ... Der Form nach wird diese Symphonie viel Neues bieten, unter anderem wird das Finale kein lärmendes Allegro, sondern – im Gegenteil – ein sehr lang gedehntes Adagio sein.*[201]

Ein Brief vom September 1893 an den Großfürsten Konstantin Konstantinowitsch, mit dem Tschaikowsky eine langjährige Korrespondenz geführt hat, ist für den programmatischen Inhalt der *Sechsten Symphonie* aufschlußreich. Der Großfürst hatte nämlich angeregt, Tschaikowsky solle das «Requiem» seines vor kurzem verstorbenen Jugendfreundes Apuchtin vertonen: *Mich verwirrt ein wenig der Umstand, daß meine letzte Symphonie ... von einer Stimmung durchdrungen ist, welche derjenigen des Requiems nahekommt. Ich glaube, daß die Symphonie mir gut gelungen ist, und fürchte, mich selbst zu wiederholen, wenn ich sofort ein seinem Charakter und seinem Wesen nach ähnliches Werk in Arbeit nähme.*[202]

Die Arbeit an der *Sechsten Symphonie* wurde immer wieder durch Reisen unterbrochen, so daß man sich fragt, wie Tschaikowsky sie überhaupt zu Ende führen konnte. Anfang März berichtet er Modest: *Nach Nischny war ich in Moskau, dann in Klin, dann einige Tage in Petersburg, später wieder in Moskau, dann fünf Tage hier und heute reise ich nach Moskau und Charkow ...*[203]

Im April komponierte er «nebenher» die *18 Stücke für Klavier* op. 72. Seinem Neffen Bobik erzählt er: *... ich gebäre jeden Tag ein Musikstück. Diese Stücke sind sehr frühreif und unbedeutend: ich habe gar keine Lust, sie zu schaffen und schaffe sie nur ums Geld. Ich bemühe mich, sie nicht gar zu schlecht zu machen ...*[204] Vier Tage später heißt es dann: *Ich fahre fort, musikalische Pfannkuchen zu backen. Heute wird der zehnte gebacken. Merkwürdig: je weiter, je mehr Lust habe ich, und je leichter wird mir die Arbeit.*[205] Aus ähnlichen Gründen komponierte er im Mai die *Sechs Lieder* op. 73, doch muß man hinzufügen, daß beide Werke viel Reizvolles enthalten.

Am 29. Mai traf Tschaikowsky in London ein, wo er die *Vierte Symphonie* mit großem Erfolg dirigierte. Mitte Juni war er in Cambridge und nahm zusammen mit Saint-Saëns, Boito, Bruch und, in absentia, Grieg ein Ehrendoktorat der ehrwürdigen Universität entgegen. Dort dirigierte er seine symphonische Dichtung *Francesca da Rimini*, über die Saint-Saëns in seinem Buch «Portraits et Souvenirs» schreibt: «... der zarteste, der freundlichste aller Menschen hat hier einem wütenden Sturm freien Lauf gelassen und ebensowenig Mitleid für seine Interpreten und Zuhörer an den Tag gelegt wie Satan für die Sünder. Aber das Talent und die erstaunliche Technik des Autors sind so groß, daß die Verurteilten nur Vergnügen empfinden ...»[206]

Tschaikowsky. Gemälde von N. Kusnezow

Über Paris reiste Tschaikowsky nach Rußland, besuchte dort verschiedene Städte und war Ende Juli wieder in Klin, wo er die *Sechste Symphonie* vollendete. Zu dieser Zeit erreichten ihn viele traurige Nachrichten, die er mit seltsamer Gelassenheit entgegennahm. Modest erzählt: «Der Hauch des Todes herrschte allenthalben. Nachdem er erst vom Tode Konstantin Schilowskys Kunde erhalten hatte, kam jetzt die Nachricht vom Ableben seines alten Freundes K. Albrecht, und schon nach zehn Tagen schrieb ihm die Gräfin Wassiljew-Schilowsky, daß ihr Mann, Wladimir Schilowsky, gestorben sei. Außerdem lag in Petersburg Apuchtin im Sterben und in Moskau N. Swerew. Einige Jahre früher hätte eine einzige solcher Nachrichten stärker auf Peter Iljitsch gewirkt als jetzt alle zusammengenommen.»[207]

Tschaikowsky mit seinen Brüdern Anatol, Nikolaj, Hypolit und Modest

Modest schreibt die gute Verfassung seines Bruders dem Gedeihen der *Sechsten Symphonie* zu. Modest war der Meinung, Peter Iljitsch habe im Augenblick seines Todes an der Schwelle einer neuen, glücklichen Periode gestanden – in persönlicher sowie in schöpferischer Hinsicht. Tschaikowsky jedenfalls betrachtete die *Sechste Symphonie* als eines seiner besten, ja als das beste seiner Werke und ließ sich darin auch von dem lauwarmen Empfang bei der Uraufführung am 28. Oktober in St. Petersburg nicht beirren. Die Symphonie bekam erst am Tage nach dem Konzert ihren vollen Titel. Tschaikowsky war mit «Programm-Symphonie» ebenso unzufrieden wie mit «Tragische Symphonie». Modests Vorschlag, sie *Pathetische Symphonie* zu nennen, gefiel auf Anhieb. Als solche ist das Werk dann auch universell bekannt geworden, obwohl der

1893

Autor dieses Eigenschaftswort nicht auf dem Titelblatt gedruckt sehen wollte.

Daß diese Symphonie in psychologischem Sinne «autobiographisch» ist, steht außer Zweifel. Doch haben die unzähligen, oft romantischen Deutungen keinen großen Wert. Die meisten Biographen versuchen zu beweisen, daß Tschaikowsky sie unter der Vorahnung seines nahen Todes schrieb. Richard H. Stein geht sogar so weit, zu behaupten, die *Pathétique* bestätige Tschaikowskys Todeswunsch:

«So ist denn auch dieser erste Satz der *Pathétique* nicht ein Ringen mit der Gottheit, sondern nur ein Ringen mit dem eigenen Ich. Und zugleich eine Art Rechtfertigung: Peter Iljitsch will nicht mehr leben, weil er einfach nicht mehr leben kann. Das zeigen die erschütternden Aufschreie im zweiten Durchführungsteil.»[208]

Für Tschaikowskys angeblichen Sterbenswillen gibt es allerdings keine Beweise. Im Gegenteil: während seiner letzten Tage, die er bei Modest in St. Petersburg verbrachte, schmiedete er Pläne für die Zukunft und benahm sich wie immer. Keiner, der ihn sah, bemerkte etwas Außergewöhnliches an ihm, und wir dürfen Modest glauben, wenn er schreibt: «Seine Seelenstimmung war in den letzten Tagen weder ausschließlich fröhlich noch besonders gedrückt. Im Kreise seiner intimen Freunde war er munter und zufrieden, in Gesellschaft Fremder – wie gewöhnlich nervös und erregt und später – erschöpft und welk. Nichts gab Anlaß, an das Herannahen des Todes zu denken.»[209]

Am 30. Oktober (westlicher Zeitrechnung) schreibt Tschaikowsky an Jurgenson, er werde bald nach Moskau kommen. Am Morgen des 2. November fühlte er sich unwohl, ging jedoch kurz in die Stadt. Als er mit Modest und Bobik zu Mittag aß, trank er trotz ihrer Proteste ein Glas ungekochtes Wasser, obwohl in St. Petersburg eine Cholera-Epidemie herrschte. Erst am späten Abend war es allen klar, daß die Ursache seiner Schmerzen die Cholera war. Zu seinem Bruder sagte Peter Iljitsch einige Male: *Ich glaube, es ist der Tod*. Wiederholt fragte er Modest, ob er die Cholera habe. Am folgenden Tag (einem Freitag) trat eine Besserung ein, und Tschaikowsky begrüßte seinen Arzt Bertenson mit den Worten: «Haben Sie Dank, Sie haben mich den Krallen des Todes entrissen.» Doch am Samstag sank seine Stimmung wieder. Modest berichtet: «Zu L. Bertenson sagte er: *wieviel Güte und Geduld verschwenden Sie unnütz. Ich kann nicht geheilt werden*. Er schlief mehr, sein Schlaf war aber ein schwerer, unruhiger; er phantasierte ein wenig und wiederholte beständig den Namen Nadeshda Philaretowna von Mecks zornig und vorwurfsvoll.»[210]

Am Sonntag ging es ihm noch schlechter. Um drei Uhr früh nahm Tschaikowsky Abschied von der Welt, die ihm so viele Qualen und so viele Freuden gegeben hatte: «Plötzlich öffnete Peter Iljitsch seine Augen. Es kam ein unbeschreiblicher Ausdruck klaren Bewußtseins über ihn. Er ließ seinen Blick der Reihe nach auf den drei ihm zunächst stehenden Personen ruhen und hob ihn dann zum Himmel empor. Einige Augenblicke leuchtete etwas in seinen Augen und verlöschte bald zusammen mit dem letzten Atemzug.»[211]

DER KOMPONIST

Igor Strawinsky sagte: «Tschaikowsky war von uns allen der russischste.» Damit äußerte er eine Meinung, die erst nach Tschaikowskys Tod – und auch nur bedingt – akzeptiert wurde, und die in krassem Gegensatz steht zu vielen Kritiken, die Tschaikowsky hinnehmen mußte. Für die meisten seiner russischen Zeitgenossen und vor allem für die Petersburger «Fünf» war er ein «westernisierter» Komponist, der dann und wann sein Russentum an den Tag legte, indem er sich der Volksmusik bediente.

Dies hat er zwar gelegentlich getan, doch zumeist bearbeitete er das Volksmaterial, um es mit seinem Gesamtkonzept in Einklang zu bringen. Und bei diesem Konzept ging es ihm nicht darum, eine sofort als russisch erkennbare Musik zu schreiben, sondern eine, die an der großen europäischen Tradition anschloß und aus dieser herauswuchs – eine Musik also, die nicht mit nationalen (geschweige denn nationalistischen) Maßstäben zu messen ist. Daß er das technisch-kompositorische Handwerk hoch schätzte und infolgedessen die Ansichten des «Mächtigen Häufleins» nicht teilen konnte, liegt auf der Hand. Gewiß haben die Petersburger Novatoren trotz ihres Dilettantismus manches geschaffen: man denke an Mussorgskys «Boris»; an die «Zweite Symphonie» Borodins und an verschiedene Werke Rimsky-Korsakows, der sich, wenn auch verspätet, eine musikalische Ausbildung aneignete.

Tschaikowsky aber muß als der erste große Komponist Rußlands angesehen werden, der sich in einer internationalen Musiksprache ausdrückte, ohne im geringsten seine nationale Identität zu verlieren. Das russische Element ist also in Tschaikowskys Musik keine Zutat, kein gewolltes und kein aufgetragenes Element, sondern eine ihr innewohnende Eigenschaft. In seiner primär auf der Melodie basierenden Musik schafft er Originalmelodien, deren Ähnlichkeit mit der russischen Volksmusik frappant sind. Und selbst wenn dies nicht der Fall ist, stellen seine Werke eine Atmosphäre her, die man als «russisch» empfindet – sogar in solchen Stücken wie in dem *Capriccio Italien.* Dies meinte Strawinsky, als er Tschaikowsky den «Russischsten von uns allen» nannte.

Was Tschaikowsky selbst darüber dachte, geht aus einem Brief vom 5. (17.) März 1878 an Frau von Meck hervor.

Was das russische Element in meinen Werken betrifft, so kann ich Ihnen nur verraten, daß ich oft eine Komposition mit der Absicht be-

Modest P. Mussorgsky

Alexander P. Borodin

Eduard Hanslick

gann, dieses oder jenes Volkslied, das mir besonders gefiel, auszuarbeiten. Manches Mal – wie zum Beispiel in dem Finale unserer (der Vierten Symphonie) – kam es aber ganz von selbst und überraschend. Das russische Element, das im allgemeinen in meiner Musik vorhanden ist, das heißt die dem russischen Volkslied verwandte Melodienführung und Harmonisierung, ist vor allem darauf zurückzuführen, daß ich in einer einsamen Gegend aufgewachsen bin und seit meiner frühesten Kindheit vom unbeschreiblichen Zauber echt russischer Volksmusik durchdrungen war, daß ich das russische Element in all seinen Erscheinungsformen leidenschaftlich liebe, mit einem Wort, daß ich im wahrsten Sinne des Wortes Russe bin.[212]

In demselben Brief, in dem Tschaikowsky Frau von Mecks Fragen über den schöpferischen Vorgang beantwortet, heißt es:

Die Inspiration ist ein Gast, der nicht auf den ersten Ruf erscheint. Aber arbeiten sollte man trotzdem stets, und ein ehrlicher Künstler wird nie mit gefalteten Händen dasitzen, unter dem Vorwand, zum Arbeiten nicht aufgelegt zu sein. Wartet man auf die Stimmung und bemüht sich nicht, ihr entgegenzugehen, so verfällt man leicht der Apathie und Faulheit . . . Glaube und Geduld verlassen mich nie, und heute früh wurde ich wieder von der geheimnisvollen Flamme der Inspiration erfaßt . . . deren Ursprung man nicht kennt und die mir die Fähigkeit verleiht, Werke zu schaffen, das menschliche Herz zu bewegen und eine nachhaltige Wirkung auszuüben. Ich habe gelernt, mich zu überwinden.

Nikolaj A.
Rimsky-Korsakow

Ich bin glücklich, daß ich nicht in die Fußstapfen meiner russischen Landsleute getreten bin, die es aus Mangel an Selbstvertrauen und Selbstbeherrschung vorziehen, sich auszuruhen und alles zu verschieben, sobald sie auf die geringsten Schwierigkeiten stoßen. Deshalb schreiben sie – trotz großer Begabung – so wenig und so dilettantenhaft.[213]

Nach dieser Deutung der Rolle der Inspiration, die Tschaikowsky mit der melodischen Erfindungskraft gleichsetzt, fügt er ergänzend hinzu:

... Ich kann mich über eine karge Erfindungsgabe und Einbildungskraft nicht beklagen, habe jedoch immer unter mangelnder Gewandtheit in der Behandlung der Form gelitten. Nur in andauernder hartnäckiger Arbeit habe ich es dahin gebracht, Formen zu vollenden, die bis zu einem bestimmten Grade dem Inhalt entsprechen. Allzu unbekümmert, habe ich früher nicht erkannt, wie ungeheuer wichtig die kritische Überprüfung meiner eigenen Entwürfe ist. So konnte es geschehen, daß aufeinanderfolgende Teile nur locker zusammengefügt und Nahtstellen stets sichtbar waren. Das war ein schwerer Fehler, und es hat mich Jahre gekostet, bis ich überhaupt begonnen habe, ihn zu korrigieren. Jedoch werden meine Kompositionen niemals Vorbilder an Form sein ...[214]

Das Problem der musikalischen Form beschäftigte Tschaikowsky zeit seines Lebens. Er hat es auch nie zu seiner eigenen Zufriedenheit gelöst. Seine besondere Begabung war nicht die eines Innovators, der imstande ist, neue Formen oder Idiome zu kreieren; deshalb nahm er als Ausgangspunkt die «klassischen» Formen, die er von Werk zu Werk dem jeweils angestrebten Ausdruck und Zweck entsprechend modifizierte. Daß es ihm nicht immer gelang, Form und Inhalt in Einklang zu bringen, empfindet man vor allem in den längeren Werken als Schwäche. Trotzdem kann man sich kaum bessere Lösungen vorstellen als die, die Tschaikowsky fand. Sie sind manchmal eine eigenartige Kombination von klassischen Prinzipien und freier Gestaltung im Sinne der Lisztschen symphonischen Dichtung. Dadurch, daß Tschaikowsky mit der Form rang und sich an klassische Modelle hielt, wurde das Gefühlsbetonte einer Disziplin unterworfen, die seiner Musik sehr zugutekam.

Damit sind wir an dem zentralen Punkt angelangt, an dem sich die Geister scheiden: die angeblich übertriebene Gefühlsbetontheit seiner Musik. (Es handelt sich dabei natürlich um die größeren Werke; den vielen kleinen Stücken kann man Gefühlsseligkeit kaum vorwerfen.) Von Anfang an stieß das emotionelle Element, das bei Tschaikowsky stark hervortritt, auf kritischen Widerstand. In einer Besprechung des Violinkonzerts schrieb der Wiener Kritiker und damalige «Papst der Musikkritik» Eduard Hanslick:

«. . . Das Adagio mit seiner weichen slawischen Schwermut ist auf dem besten Wege, uns zu versöhnen, zu gewinnen. Aber es bricht schnell ab, um einem Finale Platz zu machen, das uns in die brutale, traurige Lustigkeit eines russischen Kirchweihfestes versetzt. Wir sehen lauter wüste, gemeine Gesichter, hören rohe Flüche und riechen Fusel. Friedrich Vischer behauptet einmal bei Besprechung lasziver Schildereien, es gebe Bilder, ‹die man stinken sieht›. Tschaikowskys Violinkonzert bringt uns zum erstenmal auf die schauerliche Idee, ob es nicht auch Musikstükke geben könnte, die man stinken hört.»[215]

Die Ansicht, Tschaikowskys Musik sei kaum mehr als ein ungehemmter, undisziplinierter Gefühlserguß, ist ein Vorwurf, der bis in unsere Zeit immer wieder auftaucht und in krassem Widerspruch steht zu ihrer anhaltenden Beliebtheit beim Publikum.

Natürlich kann man schwerlich etwas dagegen einwenden, wenn jemand Tschaikowskys Musik ablehnt, wohl aber kann man die Frage stellen, ob nicht mancher Tschaikowskys Musik darum als überschwenglich und vulgär empfindet, weil er oft ähnliche Äußerungen gelesen und gehört hat. Und ebenso berechtigt ist die Frage, inwieweit die Geringschätzung von Tschaikowskys Musik auf eine Art ästhetischen Snobismus zurückzuführen ist, der die direkte, ungenierte Aussage ablehnt.

Diese Ansicht vertritt zum Beispiel Hans Keller: «Zweifellos können die Emotionen, die Tschaikowsky mit erbarmungsloser Offenheit ausdrückt, eine Reaktion des Selbstmitleids in vielen Hörern auslösen, die dann ihre Gefühle auf ihn zurückprojizieren. Indem sie das tun, reagieren sie neurotisch – nicht weil sie einer neurotischen Musik ausgesetzt wurden, sondern weil sie im Gegenteil nicht dazu fähig sind, die künstlerische Wirklichkeit zu verdauen, und weil sie vielleicht überhaupt unfähig sind, mit starken Emotionen fertig zu werden.»

Der englische Schriftsteller Ralph W. Wood meint, daß Tschaikowsky unfähig war, eine abstrakte Musik zu konzipieren, und daß sein ganzes Werk «autobiographisch» sei. Wenn das so ist, kommt es darauf an, ob man die «Mitteilungen» Tschaikowskys – die mit denen von Baudelaire verglichen worden sind – ertragen kann. Martin Cooper sieht dies so: «. . . zugegeben, Tschaikowskys Musik stellt eine vollkommene Widerspiegelung seiner Persönlichkeit dar, doch kann man weder Vulgarität noch Trivialität in der Musik eines Mannes finden, der, trotz all seinen Fehlern, weder vulgär noch trivial war . . . Was ihn rettet, ist seine vollkommene emotionelle Aufrichtigkeit. Man kann seine gefühlsbetonte Welt ablehnen . . . doch darf man keinen Augenblick daran zweifeln, daß sie dem innersten Ich Tschaikowskys entsprach. Dieses Ich, das er nur seinen intimsten Freunden und Verwandten gegenüber offenbarte, wird hier vor der ganzen Welt entblößt.»[216]

Es entspricht weder dem Ziel noch dem gegebenen Rahmen dieser Monographie, das Œuvre Tschaikowskys zu analysieren, geschweige denn die Werke einzeln zu besprechen. (Einige Hinweise enthält die Discographie.) Hier sei lediglich ein wichtiger Punkt erwähnt: Man pflegt Tschaikowsky als Orchesterkomponisten anzusehen, der auch Opern schrieb. Doch ist er der Autor von sechs Symphonien (sieben, wenn man die *Manfred*-Symphonie dazu zählt) und zehn Opern. Gewiß haben nur zwei seiner Opern ihren Weg gemacht (*Eugen Onegin* und *Pique Dame*). Aber von den Symphonien haben sich bloß drei (IV, V und VI) im Repertoire eingebürgert. Diese fünf Werke, zusammen mit dem *Ersten Klavierkonzert,* dem *Violinkonzert,* den Balletten (hauptsächlich *Schwanensee* und *Nußknacker*), und ein paar Ouvertüren (vornehmlich *Romeo und Julia* und der bombastischen *1812*) stellt die Auslese dar, die vom Publikum getroffen worden ist und die nicht immer mit der der Kritiker übereinstimmt. Man vermißt dabei nämlich einige Werke, die es verdienten, öfters aufgeführt zu werden. Zum Glück kann man manche von ihnen auf Schallplatten hören, wie aus der Discographie hervorgeht.

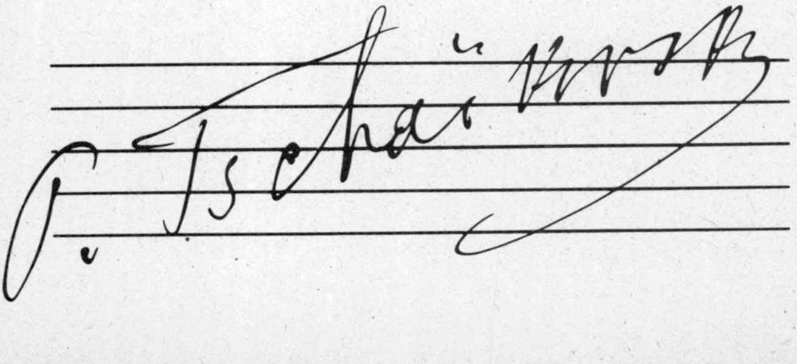

ANMERKUNGEN

1 «Teure Freundin. Peter Iljitsch Tschaikowski in seinen Briefen an Nadeshda von Meck». Einl. von Hans Pezold. Leipzig 1964. S. 56
2 Herbert Weinstock: «Tschaikowsky». München 1948. S. 231
3 In: «Teure Freundin», a.a.O., S. 222
4 Ebd., S. 130
5 Modest Tschaikowsky: «Das Leben Peter Iljitsch Tschaikowskys». 2 Bde. Moskau–Leipzig 1903. Bd. 1, S. 304
6 In: «Teure Freundin», a.a.O., S. 308
7 Tschaikowsky, a.a.O., S. 422 f
8 Ebd., S. 1
9 Ebd.
10 Ebd., S. 2
11 Ebd., S. 5
12 In: «Teure Freundin», a.a.O., S. 177 f
13 Tschaikowsky, a.a.O., S. 11 f
14 Weinstock, a.a.O., S. 24
15 Ebd., S. 27
16 Ebd.
17 Tschaikowsky, a.a.O., S. 21 f
18 Ebd., S. 25
19 Ebd., S. 30
20 Ebd., S. 39, 41
21 Ebd., S. 44
22 Ebd., S. 48
23 Ebd., S. 53
24 Ebd., S. 57
25 Richard H. Stein: «Tschaikowskij». Stuttgart–Berlin–Leipzig 1927. S. 111
26 Ebd., S. 117
27 Tschaikowsky, a.a.O., S. 64
28 Ebd., S. 66
29 Ebd., S. 69
30 Ebd., S. 70 f
31 Ebd., S. 73
32 Stein, a.a.O., S. 119
33 Nikolaj A. Rimsky-Korsakow: «Chronik meines musikalischen Lebens». Leipzig 1968. S. 145
34 Tschaikowsky, a.a.O., S. 86
35 Stein, a.a.O., S. 122 f
36 Tschaikowsky, a.a.O., S. 110
37 Weinstock, a.a.O., S. 57
38 In: «Teure Freundin», a.a.O., S. 243
39 Tschaikowsky, a.a.O., S. 136
40 Weinstock, a.a.O., S. 62 f
41 Tschaikowsky, a.a.O., S. 152 f
42 Stein, a.a.O., S. 257
43 Tschaikowsky, a.a.O., S. 174
44 Ebd., S. 177

45 Ebd., S. 181
46 Ebd., S. 181 f
47 Ebd., S. 182
48 Ebd., S. 194 f
49 Ebd., S. 226
50 Ebd., S. 228
51 Stein, a.a.O., S. 142
52 Tschaikowsky, a.a.O., S. 264
53 Ebd., S. 266
54 Ebd., S. 281
55 Ebd., S. 283 f
56 Ebd., S. 289
57 Ebd., S. 335
58 Ebd., S. 336
59 Stein, a.a.O., S. 17
60 Ebd., S. 19 f
61 Ebd., S. 43
62 Weinstock, a.a.O., S. 158
63 Ebd., S. 131 f
64 Ebd., S. 132
65 In: «Teure Freundin», a.a.O., S. 297
66 Tschaikowsky, a.a.O., S. 308
67 Ebd., S. 309 f
68 *Erinnerungen und Musikkritiken.* Leipzig o. J. S. 202
69 In: «Teure Freundin», a.a.O., S. 361
70 Ebd., S. 136
71 *Erinnerungen und Musikkritiken,* a.a.O., S.126
72 Ebd., S. 196
73 In: «Teure Freundin», a.a.O., S. 386 f
74 Ebd., S. 135
75 Tschaikowsky, a.a.O., S. 413 f
76 Ebd., Bd. 2, S. 246
77 In: «Teure Freundin», a.a.O., S. 116
78 *Erinnerungen und Musikkritiken,* a.a.O., S. 92
79 In: «Teure Freundin», a.a.O., S. 289
80 *Erinnerungen und Musikkritiken,* a. a. O., S. 54
81 Ebd., S. 201
82 Ebd., S. 116
83 In: «Teure Freundin», a.a.O., S. 436
84 Ebd., S. 508
85 *Erinnerungen und Musikkritiken,* a.a.O., S. 140
86 Ebd., S. 194
87 In: «Teure Freundin», a.a.O., S. 476 f
88 Ebd., S. 134
89 *Erinnerungen und Musikkritiken,* a.a.O., S. 110
90 In: «Teure Freundin», a.a.O., S. 307
91 *Erinnerungen und Musikkritiken,* a.a.O., S. 136
92 Ebd., S. 148
93 Ebd., S. 210

94 Ebd., S. 190
95 Ebd., S. 165
96 In: «Teure Freundin», a.a.O., S. 116
97 *Erinnerungen und Musikkritiken*, a.a.O., S. 181
98 Ebd., S. 130
99 Tschaikowsky, a.a.O., Bd. 1, S. 339
100 Ebd., S. 330
101 Ebd., S. 339 f
102 Ebd., S. 340
103 Ebd., S. 342
104 Ebd., S. 381
105 Ebd., S. 382
106 In: «Teure Freundin», a.a.O., S. 77 f
107 Tschaikowsky, a.a.O., S. 385
108 Catherine Drinker Bowen und Barbara von Meck (Hg.): «Geliebte Freundin. Tschaikowskys Leben und sein Briefwechsel mit Nadeshda von Meck». Leipzig–München 1938. S. 115 f
109 Tschaikowsky, a.a.O., S. 386
110 Ebd., S. 387
111 In: «Teure Freundin», a.a.O., S. 35
112 Tschaikowsky, a.a.O., S. 390
113 Bowen und Meck, a.a.O., S. 159 f
114 Ebd., S. 157 f
115 In: «Teure Freundin», a.a.O., S. 49
116 Ebd.
117 Ebd., S. 47 f
118 Bowen und Meck, a.a.O., S. 126
119 In: «Teure Freundin», a.a.O., S. 157
120 Ebd.
121 Ebd., S. 98
122 Ebd., S. 100, 104
123 Weinstock, a.a.O., S. 191 f
124 Ebd., S. 201
125 Ebd., S. 211
126 Ebd., S. 170
127 Ebd., S. 251
128 In: «Teure Freundin», a.a.O., S. 225 f
129 Nina Berberowa: «Tschaikowsky. Geschichte eines einsamen Lebens». Berlin 1938. S. 225 f
130 Ebd., S. 272
131 Ebd., S. 275
132 Ebd., S. 248
133 Ebd., S. 267
134 In: «Teure Freundin», a.a.O., S. 337
135 Ebd., S. 296 f
136 Stein, a.a.O., S. 196
137 In: «Teure Freundin», a.a.O., S. 390 f
138 Ebd., S. 389
139 Ebd., S. 501 f

140 Ebd., S. 400
141 Ebd., S. 505
142 Ebd., S. 506
143 Ebd., S. 512
144 Ebd., S. 513
145 Ebd., S. 530
146 Tschaikowsky, a.a.O., Bd. 2, S. 305 f
147 Ebd., S. 308 f
148 Ebd., S. 306
149 Ebd., S. 313
150 Ebd.
151 Ebd., S. 316
152 In: «Teure Freundin», a.a.O., S. 544
153 Ebd., S. 609
154 Tschaikowsky, a.a.O., S. 483
155 In: «Teure Freundin», a.a.O., S. 539
156 Ebd., S. 539 f
157 Ebd., S. 545
158 Weinstock, a.a.O., S. 328 f
159 In: «Teure Freundin», a.a.O., S. 553
160 Ebd., S. 556
161 Ebd., S. 570
162 Tschaikowsky, a.a.O., S. 399
163 In: «Teure Freundin», a.a.O., S. 585
164 Ebd., S. 588 f
165 Ebd., S. 588 f
166 Tschaikowsky, a.a.O., S. 431
167 In: «Teure Freundin», a.a.O., S. 576
168 Tschaikowsky, a.a.O., S. 435 f
169 Weinstock, a.a.O., S. 354
170 In: «Teure Freundin», a.a.O., S. 605
171 Tschaikowsky, a.a.O., S. 469 f
172 In: «Teure Freundin», a.a.O., S. 609
173 Ebd., S. 611
174 Ebd., S. 621
175 Tschaikowsky, a.a.O., S. 518
176 Ebd., S. 520
177 Ebd., S. 521
178 Ebd., S. 533
179 In: «Teure Freundin», a.a.O., S. 633 f
180 Ebd., S. 635 f
181 Ebd., S. 639
182 Stein, a.a.O., S. 234
183 Wladimir Lakond (Hg.): «The Diaries of Tschaikowsky», New York 1945, S. 26
184 In: «Teure Freundin», a.a.O., S. 650
185 Ebd., S. 648
186 Tschaikowsky, a.a.O., S. 601
187 Ebd., S. 603

188 John Warrack: «Tchaikovsky». London 1973. S. 104
189 Galina von Meck: «As I Remember Them». London 1973. S. 33
190 Ebd., S. 35
191 Tschaikowsky, a.a.O.
192 Meck, a.a.O., S. 38
193 Ebd., S. 39
194 Tschaikowsky, a.a.O., S. 739
195 Ebd.
196 Ebd., S. 603
197 Lakond, a.a.O., S. 301
198 Gerald Abraham: «Tchaikovsky. A Symposium». London 1945. S. 181
199 Tschaikowsky, a.a.O., S. 756 f
200 Ebd., S. 767
201 Ebd., S. 771
202 Ebd., S. 802
203 Ebd., S. 774
204 Ebd., S. 778
205 Ebd., S. 778 f
206 Ebd., S. 788
207 Ebd., S. 792
208 Stein, a.a.O., S. 348
209 Tschaikowsky, a.a.O., S. 813
210 Ebd., S. 818
211 Ebd., S. 819
212 In: «Teure Freundin», a.a.O., S. 168
213 Ebd., S. 166 f
214 Weinstock, a.a.O., S. 232
215 Stein, a.a.O., S. 424
216 Abraham, a.a.O., S. 45

ZEITTAFEL

1840 7. Mai: geboren in Wotkinsk (Ural).

Bis 1848 Klavierunterricht bei der Mutter; allgemeiner Unterricht bei der Erzieherin Fanny Dürbach.

1848 Die Familie übersiedelt zuerst nach Moskau, dann nach St. Petersburg, wo Peter Klavierstunden erhält und das Theater besuchen darf. Dort erkrankt er ernstlich.

1849 Die Familie läßt sich in Alapajew östlich des Urals nieder. Während seiner Depressionen findet Peter Trost beim Fantasieren am Klavier.

1850 Seine Mutter begleitet Peter Iljitsch nach St. Petersburg, wo er einen zweijährigen Vorbereitungskurs an der Rechtsschule beginnt. Die Abfahrt seiner Mutter ist für ihn der schrecklichste Tag seines Lebens – ein traumatisches Erlebnis, das nicht ohne Folgen blieb.

1852 Die Familie kehrt endgültig nach St. Petersburg zurück. Peter beginnt seine ordentlichen Studien an der Rechtsschule. Zu seinen Freunden zählt der spätere Dichter Apuchtin.

1854 Die Mutter stirbt an der Cholera – eine der großen Tragödien in Peters Leben.

1859 Peter Iljitsch erhält sein Diplom von der Rechtsschule und schlägt eine Beamtenlaufbahn ein.

1850–1860 Nur am Rande interessiert sich Tschaikowsky für die Musik. Er besucht Opern und Konzerte – noch lieber das Sprechtheater –, nimmt nebenher Klavierstunden bei Kündinger und wird durch den Gesangslehrer Piccioli in die italienische Opernmusik eingeweiht.

1861 Als Dolmetscher reist Tschaikowsky mit einem Bekannten seines Vaters zum erstenmal nach Deutschland, Belgien, England und Frankreich. Als Beamter führt er ein sorgloses Leben, das nur auf Vergnügungen ausgerichtet ist.

1862–1863 Des Beamtendaseins überdrüssig, scheidet er aus dem öffentlichen Dienst aus und tritt in das von Anton Rubinstein neugegründete Petersburger Konservatorium ein, wo er bei Zaremba und Rubinstein studiert. Ab 1863 erste Kompositionsversuche.

1865 Erhält sein Diplom vom Petersburger Konservatorium.

1866 Übersiedelt nach Moskau als Theorielehrer am dortigen Konservatorium, das gerade von Nikolaj Rubinstein eröffnet wurde. Er wohnt im Konservatorium bei Rubinstein. Komponiert verschiedene Werke, darunter die *Erste Symphonie.*

1867 Arbeitet an der Oper *Der Wojewode,* deren Manuskript er nach der Uraufführung (1869) vernichtet.

1868 Er versucht sich als Dirigent, mit katastrophalem Ausgang. Kurze Liebesgeschichte mit der Sängerin Désirée Artôt, die aber gleich nach ihrer Abreise aus Moskau den Bariton Padilla y Ramos heiratete. Komponiert die Oper *Undine,* die er später ebenfalls vernichtet.

1869 entsteht das erste Meisterwerk, die Ouvertüre *Romeo und Julia.*

1870–1871 Auslandsreisen, Ferien im ländlichen Kamenka, Komposition des *Ersten Streichquartetts,* Übersiedlung in seine erste eigene Wohnung.

1872–1876 Sporadische Kritikertätigkeit.

1872 Vollendet die Oper *Der Opritschnik* und die *Zweite Symphonie.*

1873 Komponiert die Bühnenmusik zu Ostrowskys Märchen *Schneeflöckchen* und die Orchester-Fantasie *Der Sturm.*

1874 Innerhalb von drei Monaten komponiert er *Wakula der Schmied.* Vollendet das *Zweite Streichquartett.* Reist nach Deutschland, Italien, Frankreich und in die Schweiz.

1875 Komponiert die *Dritte Symphonie.* Leidet an Depressionen und fährt über Weihnachten mit seinem Bruder Modest nach Paris, hört dort Bizets «Carmen» und ist von dem Werk begeistert.

1876 Vollendet das Ballett *Schwanensee* und das *Dritte Streichquartett.* Komponiert den *Slawonischen Marsch* und *Francesca da Rimini.* Besucht als Kritiker die Wagner-Festspiele in Bayreuth. Depressionen und Geldsorgen nehmen zu. Im Dezember erhält er den ersten Brief von Nadeshda von Meck.

1877 *Eugen Onegin* wird in Angriff genommen. Reger Briefwechsel mit Nadeshda von Meck; er beginnt die Arbeit an «ihrer» (IV.) Symphonie. Juli–Oktober: Tschaikowsky heiratet und ist unglücklicher denn je. Selbstmordversuch und Flucht ins Ausland, wo er ziellos herumreist. Frau von Meck bewilligt ihm eine Jahresrente von 6000 Rubel.

1878 Vollendet *Eugen Onegin* und die *Vierte Symphonie.* Komponiert das *Violinkonzert.* Verbringt seine Sommerferien in Kamenka, Brailow, Nisy, Werbowka. Gibt seine Lehrtätigkeit am Moskauer Konservatorium auf. Ende 1878 wohnt Tschaikowsky in Florenz, unweit von der Villa Frau von Mecks.

1879 Vollendet *Die Jungfrau von Orleans* und die *Erste Orchestersuite.* Aufenthalte in Paris, Clarens, St. Petersburg, Kamenka, Brailow, Rom. Während einer Spazierfahrt in Brailow findet sich Tschaikowsky plötzlich Frau von Meck gegenüber. Doch es wird kein Wort gewechselt.

1880 Komponiert das *Capriccio Italien* und die *Serenade für Streicher.* Vollendet das *Zweite Klavierkonzert.* Sommerferien in Kamenka.

1881 Fährt über St. Petersburg nach Florenz, Rom und Paris, verbringt den Sommer aber wieder in Kamenka. Im November reist er über Kiew nach Italien. In Rom begegnet er Liszt.

1882 Vollendet das *Klaviertrio,* das «Dem Andenken eines großen Künstlers», dem vor kurzem verstorbenen Nikolaj Rubinstein, zugedacht ist. Sonst ist er wenig produktiv.

1883 Vollendet die Oper *Mazeppa.* Komponiert die *Zweite Orchestersuite.* Längerer Aufenthalt in Paris. Sommer und Herbst in Poduschkino und Kamenka. Tschaikowsky ist nervös, müde und kann nicht arbeiten.

1884 Komponiert die *Dritte Orchestersuite* und die *Konzert-Fantasie für Klavier und Orchester.* Verbringt den Februar in Paris, den September auf Frau von Mecks Gut Pleschtschejewo. Im November ist er bereits wieder in Paris.

1885 Das Jahr des Wiedererwachens. Schreibt die *Manfred-Symphonie* und die *Neun liturgischen Chöre.* Überarbeitet *Wakula der Schmied* unter dem neuen Titel *Tscherewitschky.* Hans von Bülow dirigiert die *Dritte Suite* mit einem Riesenerfolg in St. Petersburg. Tschaikowsky zieht in das Haus in Maidanowo ein – sein erstes Haus auf dem Land. Er nimmt aktiven Anteil am Musikleben seines Landes. Keine Auslandsreisen.

1886 Der Pariser Verleger Mackar erwirbt von Tschaikowskys Verleger Jurgenson die französischen Rechte und fördert seine Musik, die im Ausland schon bekannt ist. Reisen nach Paris, doch widmet er die meiste Zeit seiner Arbeit in Maidanowo.

1887 Vollendet *Die Zauberin*. Dirigiert *Tscherewitschky* und entdeckt zu seinem Erstaunen, daß seine Unfähigkeit zu dirigieren nur eine eingebildete war. Mit großem Erfolg leitet er auch ein Symphoniekonzert mit eigenen Werken in Moskau.

1888 Erste Deutschland-Tournee als Dirigent: Leipzig, Nürnberg, Berlin, dann Prag und London. Im April zieht er in das Haus in Frolowskoje bei Klin um. Komponiert die *Fünfte Symphonie* und die Fantasie-Ouvertüre *Hamlet*.

1889 Vollendet das Ballett *Dornröschen*. Zweite Auslands-Tournee: er dirigiert eigene Werke in Berlin, Köln, Dresden, Frankfurt und Genf.

1890 Letzte Auseinandersetzung mit seiner Frau und deren Erpressungsversuchen. Tschaikowsky leidet wieder unter Depressionen. Der Briefwechsel mit Frau von Meck hat seit einiger Zeit abgenommen. Sie berichtet ihm, sie habe eine furchtbare Krankheit durchgemacht, von der sie wohl kaum genesen werde. Tschaikowsky erstickt in Korrespondenz und wird von vielen Besuchern heimgesucht. Nadeshda schreibt Tschaikowsky nach Tiflis, sie könne seine Rente nicht mehr aufbringen, und bricht die Freundschaft ab. In dem kurzen Zeitabschnitt 31. Januar bis 20. April komponiert er *Pique Dame*.

1891 Der Einakter *Jolanthe* entsteht. Im April und Mai dirigiert Tschaikowsky in New York, Philadelphia und Baltimore.

1892 Vollendet das Ballett *Der Nußknacker* und das Sextett für Streicher *Souvenir de Florence*. Bezieht sein neues Heim in Klin (heute Tschaikowsky-Museum).

1893 Komponiert die *Sechste Symphonie* (*Pathétique*) und das *Dritte Klavierkonzert* (in einem Satz). Am 14. Januar dirigiert er in Brüssel, am 28. Januar in Odessa, im Februar in Moskau, im März in Charkow. Am 13. Juni wird ihm das Ehrendoktorat der Universität Cambridge überreicht. Am 28. Oktober leitet er die Uraufführung der *Sechsten Symphonie* in St. Petersburg, wo er bei seinem Bruder Modest wohnt. Am 3. November fühlt er sich schlecht. Am 6. November erliegt Tschaikowsky in St. Petersburg der Cholera.

ZEUGNISSE

Hermann Laroche

Peter Iljitsch war über alle Maßen gut . . . Bei aller Lebhaftigkeit seines Temperamentes, dem Ausbrüche des Unwillens und sogar des Zorns nicht fremd waren, fühlte er sich doch vorzugsweise von allen guten Regungen angezogen. Er liebte es, das Gute zu suchen und verstand es, dasselbe sowohl in den Schöpfungen des Künstlers wie in der Seele des Menschen aufzufinden . . . Sein Tod ist ein schwerer Verlust für die Kunst und wird von uns, seinen Zeitgenossen, vielleicht noch nicht deutlich genug empfunden, doch auch dieser Verlust scheint fast gering gegen das, was uns mit Tschaikowskys Persönlichkeit entrissen wurde.

Aus Hermann Laroches «Erinnerungen»

Antonín Dvořák

Mit Freuden bekenne ich, daß Ihre Oper einen sehr tiefen Eindruck auf mich gemacht hat – einen solchen, den ich bei einem echten Kunstwerk stets voraussetze, und ich zögere nicht, Ihnen zu sagen, daß bisher nicht eine einzige Ihrer Kompositionen mir so gut gefallen hat wie *Onegin.*

Es ist ein herrliches Werk, voll warmer Empfindung und Poesie, dazu durchgearbeitet bis ins Kleinste; kurz gesagt, diese Musik lockt uns und dringt so tief in die Seele, daß man sie nicht vergessen kann.

Brief Dvořáks an Tschaikowsky vom Januar 1889 (zitiert in Modest Tschaikowsky, Bd. 2, S. 510)

Igor Strawinsky

Es macht mich sehr glücklich, zu wissen, daß Sie das Meisterwerk *Dornröschen* unseres großen und geliebten Tschaikowsky produzieren werden . . . Für mich als Musiker ist es eine große Befriedigung, ein Werk, das einen so unmittelbar anspricht, aufgeführt zu sehen, und zwar zu einer Zeit, in der so viele Menschen, die weder einfach noch naiv oder spontan sind, in der Kunst Einfachheit, Ursprünglichkeit und Spontaneität suchen. Tschaikowsky besaß von Natur aus diese drei Gaben in höchstem Maße. Deshalb fürchtete er sich nicht davor, sich gehenzulassen; die Prüden hingegen . . . waren schockiert von der ungehemmten, ungekünstelten Sprache seiner Musik.

Tschaikowsky besaß eine große, melodische Kraft, und diese bildete bei ihm den Schwerpunkt in jeder Symphonie, in jeder Oper und in jedem Ballett. Für mich ist es absolut unwesentlich, daß die Qualität seiner Melodie manchmal ungleichmäßig war. Tatsache bleibt, daß er ein Schöpfer der Melodie war, und dies ist eine sehr seltene und kostbare Begabung.

Tschaikowskys Musik, die nicht für jeden spezifisch russisch klingt, ist im Grunde oft russischer als die Musik, der man seit langem das Etikett des pittoresk Moskowitischen verliehen hat.

Aus einem in den Londoner «Times» gedruckten offenen Brief Strawinskys an Diaghilew, November 1921

Dmitrij D. Schostakowitsch

Tschaikowskys Musik und Philosophie haben einen unauslöschlichen Eindruck in meinem Bewußtsein hinterlassen . . . Vor allem schätze und bewundere ich Tschaikowsky wegen der kritischen Einstellung seinem eigenen Werk gegenüber, ebenso wegen des bestimmten und hohen Ziels, das er bei allem, was er schrieb, vor Augen hatte.

Aus «Gedanken über Tschaikowsky» in «Russian Symphony» (New York 1947)

VERZEICHNIS DER HAUPTWERKE

OPERN

Der Wojewode 1868
Undine 1869
Der Opritschnik 1872
Wakula der Schmied 1874 (umgearbeitet 1885 als «Tscherewitschky» und unter dem Titel «Oxanas Launen» bekannt)
Eugen Onegin 1878 (op. 24)
Die Jungfrau von Orleans 1879
Mazeppa 1883
Die Zauberin 1887
Pique Dame 1890 (op. 68)
Jolanthe 1891 (op. 69)

BALLETTE

Schwanensee 1876 (op. 20)
Dornröschen 1889 (op. 66)
Der Nußknacker 1892 (op. 71)

ANDERE BÜHNENMUSIK

Zu Ostrowskys Schneewittchen, ein Frühlingsmärchen 1873 (op. 12)
Zu Shakespeares Hamlet 1891 (op. 67 a)

ORCHESTERWERKE

I. Symphonie («Winterträume») 1866, neue Fassung 1874 (op. 13)
II. Symphonie («Kleinrussische») 1872, umgearbeitet 1879 (op. 17)
III. Symphonie («Polnische») 1875 (op. 29)
IV. Symphonie 1877 (op. 36)
V. Symphonie 1888 (op. 64)
VI. Symphonie («Pathetische») 1893 (op. 74)
Fatum (Symphonische Dichtung) 1868 (op. 77, postum)
Romeo und Julia (Fantasie-Ouvertüre) 1869 (umgearbeitet 1870 und 1880)
Der Sturm (Fantasie-Ouvertüre) 1873 (op. 18)
Francesca da Rimini (Fantasie) 1876 (op. 32)
I. Suite 1879 (op. 43)
II. Suite 1883 (op. 53)
III. Suite 1884 (op. 55)
IV. Suite («Mozartiana») 1887 (op. 61)
Italienisches Capriccio 1880 (op. 45)
Serenade für Streichorchester 1880 (op. 48)
1812 (Fest-Ouvertüre) 1880 (op. 49)
Manfred-Symphonie 1885 (op. 58)
Hamlet (Fantasie-Ouvertüre) 1888 (op. 67)
Der Nußknacker (Orchestersuite) 1892 (op. 71 a)

KONZERTE UND STÜCKE FÜR SOLOINSTRUMENT MIT ORCHESTER

I. Klavierkonzert 1875 (op. 23)
II. Klavierkonzert 1880 (op. 44)
III. Klavierkonzert (in einem Satz) 1893 (op. 75, postum)
Konzert für Violine und Orchester 1878 (op. 35)
Variationen über ein Rokoko-Thema für Violoncello und Orchester 1876 (op. 33)
Konzert-Fantasie für Klavier und Orchester 1884 (op. 56)

KAMMERMUSIKWERKE

I. Streichquartett 1871 (op. 11)
II. Streichquartett 1874 (op. 22)
III. Streichquartett 1876 (op. 30)
Trio (Klavier, Violine & Violoncello) 1882 (op. 50)
Souvenir de Florence (2 Violinen, 2 Violen & 2 Violoncelli) 1890, umgearbeitet 1892 (op. 70)

KLAVIERWERKE (solo)

op. 1 Scherzo à la russe, Impromptu 1867
2 Souvenir de Hapsal: 1. Ruines d'un Château. 2. Scherzo. 3. Chant sans paroles 1867
4 Valse-Caprice 1868
5 Romanze 1868
9 1. Träumerei. 2. Salon-Polka. 3. Salon-Mazurka 1870
19 1. Träumerei am Abend. 2. Humoristisches Scherzo. 3. Albumblatt. 4. Nocturno in cis-Moll. 5. Capriccioso. 6. Thema und Variationen in F-Dur 1873
21 Sechs Stücke über ein Thema: 1. Präludium. 2. Fuge (vierstimmig). 3. Impromptu. 4. Trauermarsch. 5. Mazurka. 6. Scherzo 1873
37 Sonate in G-Dur 1878
37a Die Jahreszeiten. 12 Stücke 1876
39 Kinderalbum. 24 leichte Stücke 1878
40 Zwölf Stücke mittlerer Schwierigkeit: 1. Etüde. 2. Chanson triste. 3. Trauermarsch. 4. Mazurka. 5. Mazurka. 6. Lied ohne Worte. 7. Im Dorf. 8. Walzer. 9. Walzer. 10. Russischer Tanz. 11. Scherzo. 12. Unterbrochene Träumerei 1878
51 1. Valse de Salon. 2. Polka peu dansante. 3. Menuetto scherzoso. 4. Natha-Valse. 5. Romanze. 6. Valse sentimentale 1882
72 18 Stücke: 1. Impromptu. 2. Berceuse. 3. Tendres reproches. 4. Charakteristischer Tanz. 5. Meditation. 6. Tanz-Mazurka. 7. Polacca de concert. 8. Dialog. 9. Un poco di Schumann. 10. Fantasie-Scherzo. 11. Valse Bluette. 12. L'Espiègle. 13. Ländliches Echo. 14. Elegischer Gesang. 15. Un poco di Chopin. 16. Walzer im 5/8 Takt. 17. Passé lointain. 18. Tanzszene

Fünfzig russische Volkslieder für Klavier zu vier Händen 1869

SOLOLIEDER

op. 6 Sechs Lieder: 1. Glaub nicht, mein Freund. 2. Nicht Worte. 3. Wie weh, wie süß. 4. Die Träne bebt. 5. Warum? 6. Nur wer die Sehnsucht kennt 1869

16 Sechs Lieder: 1. Wiegenlied. 2. Warte noch! 3. Erfaß nur einmal. 4. O möchtest du noch einmal singen. 5. Was nun? 6. Griechisches Lied 1872

25 Sechs Lieder: 1. Herz, o laß dich vom Schlummer umfangen. 2. Wie hier die Schrift. 3. Mignons Lied. 4. Der Kanarienvogel. 5. Mit ihr ein Wort. 6. Einst zum Narren 1874

27 1. An den Schlaf. 2. O sieh die Wolke. 3. Geh nicht von mir. 4. Der Abend. 5. Klage. 6. Dem Vöglein gleich 1875

28 Sechs Lieder: 1. Nein, wenn ich liebe. 2. Die rote Perlenschnur. 3. Warum im Traume. 4. Er liebte mich so sehr. 5. Kein Wort von dir. 6. Ein einziges Wörtchen 1875

38 Sechs Lieder: 1. Don Juans Serenade. 2. Es war zur ersten Frühlingszeit. 3. Inmitten des Balles. 4. Nur einen Augenblick. 5. Die Liebe eines Toten. 6. Pimpinella 1878

47 Sieben Lieder: 1. Wenn ich das gewußt. 2. Durch die Gefilde des Himmels. 3. Der Dämmerung Schleier sank. 4. Schlaf ein, betrübtes Lieb. 5. Gesegnet seid mir, Wald und Au. 6. Ob heller Tag. 7. War nicht ein Halm 1880

54 Sechzehn Lieder für Kinder 1883

57 Sechs Lieder: 1. O sprich, wovon die Nachtigall. 2. Aufs bleiche Herbstgefilde. 3. O frage nicht. 4. Schlaf ein. 5. Der Tod. 6. Nur Du allein 1884

60 Zwölf Lieder: 1. Die gestrige Nacht. 2. Verschwiegenheit. 3. O wüßtest du. 4. Die Nachtigall. 5. Schlichte Worte. 6. Schlaflose Nächte. 7. Lied der Zigeuner. 8. Lebewohl. 9. Die Nacht. 10. Die Lockung. 11. Heldenmut. 12. Sternennacht 1886

63 Sechs Lieder: 1. Nicht sogleich hat mich Liebe erfüllt. 2. Am offenen Fenster. 3. Fahrt hin, ihr Träume. 4. Wiedersehen. 5. Klein Lichtlein glänzt. 6. Serenade 1887

65 Sechs französische Lieder: 1. Sérénade. 2. Déception. 3. Sérénade. 4. Qu'importe que l'hiver. 5. Les larmes. 6. Rondel 1888

73 Sechs deutsche Lieder: 1. An den schlummernden Strom. 2. Nacht. 3. O du mondhelle Nacht. 4. Sonne ging zur Ruh. 5. In trüber Stund. 6. Als ich wie einstmals allein 1893

ZWEI- UND MEHRSTIMMIGE VOKALMUSIK

Sechs Duette: 1. Der Abend. 2. Schottische Ballade. 3. Tränen. 4. Im Garten. 5. Leidenschaft. 6. Dämmerung 1880

«Moskau». Kantate für Mezzosopran, Bariton, Chor und Orchester 1883

«Die Nachtigall» für gemischten Chor a cappella 1889

GEISTLICHE MUSIK

Liturgie des Heiligen Iwan Slatoust: 15 Sätze 1878 (op. 41)

Vesper: Harmonisierung von 17 Kirchengesängen 1882 (op. 52)

Neun liturgische Chöre: 1. Cherubin I. 2. Cherubin II. 3. Cherubin III. 4. Wir singen Dir. 5. Würdig ist's. 6. Vater unser. 7. Seligkeit. 8. Herr, erhöre mein Gebet! 9. Nun die himmlischen Mächte 1884/85

BIBLIOGRAPHIE

Die folgende Aufstellung der wichtigsten Schriften über Tschaikowskys Leben und Werk ist vor allem darauf bedacht, dem deutschen Leser behilflich zu sein. Daher werden die wichtigen russischen und sowjetischen Quellen nur dann erwähnt, wenn sie in einer Übersetzung vorliegen. Doch sei darauf hingewiesen, daß diese primären Quellen ein unentbehrliches Fundament der Tschaikowsky-Forschung darstellen. Ebenfalls können die unzähligen Artikel, die hauptsächlich in deutscher und englischer Sprache erschienen sind, kaum berücksichtigt werden, da sie sich in der Hauptsache mit (oft sehr begrenzten) Teilaspekten von Tschaikowskys Schaffen, bzw. mit Details aus seinem Leben, befassen.

So gesehen ist die Tschaikowsky-Literatur relativ klein; sie entspricht keineswegs der Stellung, welche dieser Komponist im Konzertsaal, neuerdings auch im Opernhaus, und vor allem in der Schallplattenproduktion einnimmt. Hinzu kommt, daß die Bücher, die seit Tschaikowskys Tod bis zur Gegenwart erschienen, in ihrer Qualität sehr unterschiedlich sind. Eine kritische, vergleichende Bibliographie täte not; doch ist hier nicht der Platz dafür. Es muß deshalb gesagt werden, daß die Nennung einer Schrift in der vorliegenden Bibliographie *nicht* einer Empfehlung gleichkommt.

Abraham, Gerald: Studies in Russian Music. London
Tschaikovsky. A Symposium edited, by G. A. London 1945
Tchaikovsky. London 1949
Andreevsky, A. von: Tschaikowsky. Roman seines Lebens. Berlin 1957
Asaf'ev (Pseudonym: Igor Glebov): Peter I. Tschaikovskij. Moskau 1921 – Berlin 1923
Tschaikowskys «Eugen Onegin». Versuch einer Analyse des Stils und der musikalischen Dramaturgie. Potsdam 1949
Berberova, N. N.: Geschichte eines einsamen Lebens. Petropolis – Berlin 1935
Blom, E.: Tchaikovsky's Orchestral Works. London 1927
Bortkiewicz, S.: Die seltsame Liebe Peter Tschaikowskys und der Nadjeschda von Meck. Nach dem Original-Briefwechsel herausgegeben. Leipzig 1938
Bowen, Catherine Drinker: Free Artist. The Story of Anton and Nicholas Rubinstein. New York 1939
Bowen, Catherine Drinker, und Barbara von Meck: Geliebte Freundin. Tschaikowskys Leben und sein Briefwechsel mit Nadeshda von Meck. Leipzig 1938
Calvocoressi, M. D., und Gerald Abraham: Masters of Russian Music. London 1936
Cherbuliez, A: Tschaikowsky und die russische Musik. Zürich 1948
Evans, H.: Tchaikovsky. London 1906
Hofmann, R.: Tchaikovsky. Paris 1947
Jurgenson, P.: Catalogue Thematique des Œuvres de P. Tchaikovsky. Moscow 1897 – London 1965
Keller, O: Peter Tschaikowsky. Leipzig 1914
Knorr, I.: Peter Tschaikowsky. Berlin 1900
Lakond, W.: The Diaries of Tchaikovsky. New York 1945
Laux, K.: Die Musik in Rußland und in der Sowjetunion. Berlin 1958
Montague-Nathan, A.: A History of Russian Music. London 1914

Musique Russe. Études réunies par Pierre Souvtchinsky. Paris 1953
NEWMARCH, R.: Tchaikovsky. London 1900
PALS, N. VAN DER: Peter Tschaikowsky. Potsdam 1940
PETZOLDT, R.: Peter Tschaikowski. Sein Leben in Bildern. Leipzig 1956
RIEMANN, H.: Die Manfred-sinfonie. Moskau 1903
RIMSKI-KORSAKOW: Chronik meines musikalischen Lebens. Leipzig [1968]
Russian Symphony: Thoughts about Tchaikovsky by Dimitri Shostakovich and Others. New York 1947
STEIN, R. H.: Tschaikowskij. Stuttgart–Berlin–Leipzig 1927
STEINITZER, M.: Tschaikowsky. Leipzig 1925
STRAWINSKY, I.: Erinnerungen. Zürich–Berlin 1937
TIBALDI-CHIESA, M.: Ciaikovski. Milano 1943
TSCHAIKOWSKY, PETER I.: Erinnerungen und Musikkritiken. Leipzig [1961]
TSCHAIKOWSKY, PETER: Musikalische Erinnerungen. Aus dem Nachlaß. Berlin 1899
TSCHAIKOWSKY, MODEST: Das Leben Peter Iljitsch Tschaikowskys. 3 Bde. Moskau 1900–1902. – Deutsche Übersetzung von Paul Juon. 2 Bde. Leipzig 1901–1903
VIGH, JENO: Wenn Tschaikowski ein Tagebuch geführt hätte . . . Budapest 1957
WEINGARTNER, F.: Tschaikowskys «Symphonie Pathétique». In: Allgemeine Musik-Zeitung (Berlin), 3. Januar 1896
WOLFURT, KURT VON: Die sinfonischen Werke von Peter Tschaikowski. Berlin 1947
Peter J. Tschaikowski. Bildnis des Menschen und Musikers. Zürich 1952

DISCOGRAPHIE

In dieser Discographie kann nur das Endresultat eines kritisch-vergleichenden Auswahlprozesses dargestellt werden – das heißt nach Abhören der meisten noch käuflichen Aufnahmen wurde die hier angegebene Wahl getroffen. Demzufolge ist die Erwähnung einer Platte bzw. Plattenreihe mit einer Empfehlung gleichzusetzen. Dabei mußte auf eine ausführliche Begründung verzichtet werden. Allgemein kann aber gesagt werden, daß in der Hauptsache musikalische Faktoren ausschlaggebend waren – weniger die schallplattentechnischen. Doch sind alle angeführten Platten, falls nichts anderes vermerkt ist, technisch einwandfrei.

1. DIE SYMPHONIEN bilden den Schwerpunkt im Œuvre Tschaikowskys, auch wenn die drei ersten weniger bedeutend sind als die drei letzten, welche zum Besten von Tschaikowskys Schaffen gehören und in denen er das Formproblem auf seine Art vortrefflich löste. Als Maßstab und als Beispiel eines bisher nicht wieder erreichten musikalischen und geistigen Niveaus gelten die Interpretationen von Wilhelm Furtwängler, der die *IV.* und *VI. Symphonie* 1951 und 1938 aufnahm. Diese zwei historischen Aufnahmen waren bis vor kurzem noch auf dem Markt (Electrola C 047-01276 und 00837), sind aber heute nur antiquarisch zu finden. Auch die Wiedergabe Fritz Reiners (RCA VICS 1163) stellt die *VI. Symphonie* als ein organisches Ganzes dar – ohne Übertreibungen und emotionelle Verzerrungen, doch wirkt sie durch die innere Spannung packend. Was die *VI.* betrifft, so gehört die Karajan-Einspielung mit den einmaligen Berliner Philharmonikern in die erste Kategorie. Die Wahl zwischen den Gesamtaufnahmen der sechs Symphonien wird dadurch erschwert, daß einige sehr gut sind, aber keine in jeder Hinsicht befriedigend ist. Leonard Bernstein dirigiert die New Yorker Philharmoniker in sehr lebendigen Aufführungen, die aber zum Theatralischen bzw. Sentimentalen tendieren (CBS Etikett). Igor Markevitch musiziert mit dem London Symphony Orchestra sehr anziehend und natürlich, doch gehen manchmal die Beziehungen verloren und der Dialog wird etwas verwirrt (Philips 6799002). Alles in allem ist die Reihe von Einzelplatten, welche die sechs Symphonien und *Manfred* enthalten, und von Roshdestwensky mit dem Rundfunkorchester der UdSSR bespielt sind, wohl das Empfehlenswerteste, was es momentan gibt – hochmusikalische Interpretationen, die die Musik sprechen lassen (Deutsche Grammophon).

2. ANDERE WERKE FÜR ORCHESTER. Die mit Recht beliebte Fantasie-Ouvertüre *Romeo und Julia* ist mit einigen hervorragenden Aufnahmen vertreten, die alle empfohlen werden können: Abbado mit dem Boston Symphony Orchestra (DG 26 30 137), Karajan mit den Berliner Philharmonikern (DG 139 029), Previn mit dem London Symphony Orchestra (Electrola C 063 02 365 Q). Von der Orchester-Fantasie *Francesca da Rimini* nach Dante, die zu Tschaikowskys besten Werken gehört, bleibt wohl die ältere Interpretation von Barbirolli mit dem London Symphony Orchestra die beste (Elec C 06302 167); auch die von Roshdestwensky mit den Leningradern ist ausgezeichnet (Pph 2542-015). Die weniger gelungene, formal unzusammenhängende Ouvertür-Fantasie *Hamlet* existierte in einer hervorragenden Wiedergabe mit Maazel und den Wiener Philharmonikern (Decca SXL 6206), erscheint aber nicht mehr im Katalog, der jetzt nur die Aufnahme von Abravanel mit dem Utah Symphony Orchestra führt (Vox SVBX 5131Q).

Bei der anmutigen *Serenade für Streichorchester* nimmt die Aufnahme von

Karajan mit den Berliner Philharmonikern (DG 139 030) einen ebenbürtigen Platz mit der von Barbirolli ein (Elec. C 063-02 167), auch wenn die Tempi etwas verschieden sind. Kaum weniger attraktiv, doch im Klang etwas «blasser» ist die Platte (Euro. 78023 KK), die Kyrill Kondraschin mit der Moskauer Staatlichen Symphonie bespielte. Eine einzige Schallplatte enthält drei Orchesterwerke, die zwar populär sind, aber nicht zu Tschaikowskys Bedeutendsten zählen: *Marche Slave, Ouvertüre 1812* und *Capriccio Italien*, dirigiert von Markevitch, Ancel und Haitink (Philips 6 833 032). Der Klang läßt allerdings etwas zu wünschen übrig; auf DG 139 028 dirigiert Karajan ein brillanteres *Capriccio Italien*.

Die vier *Orchestersuiten*, von Antal Dorati dirigiert, sind, zusammen mit den sechs von Markevitch dirigierten *Symphonien* in dem großen Album Philips 6799 002 enthalten.

3. DIE BALLETTE. Tschaikowskys Neigung zu tanzartiger Musik findet in vielen seiner Werke Ausdruck (sogar in den Symphonien) und macht ihn zu einem der großen Meister des Balletts, dessen Beispiel Schule machte. Von dem frühen *Schwanensee* hört man meistens nur den zweiten der vier Akte. So ist es erfreulich, daß die ganze Partitur auf Platten aufgenommen wurde (Euro 80 034 XK) und zwar vom Rundfunkorchester der UdSSR unter Roshdestwensky. Ausschnitte daraus, meistens als Suite bezeichnet, sind zahlreich – z. B. die von Karajan dirigierte Auswahl (Elec C 063-00 409), mit einem Ausschnitt aus dem Ballett *Dornröschen* auf der Rückseite. Leider ist kein komplettes *Dornröschen* im Katalog verzeichnet, denn auch dieses Ballett wird im Theater fast immer nur teilweise gegeben, obwohl es das Wichtigste von allen ist. Eine größere Zahl von Auszügen nahm Ansermet mit dem Orchestre de la Suisse Romande auf (Decca DK 11501/2). Daß *Der Nußknacker* nur in Auszügen zu finden ist, ist weniger bedauernswert, denn diesmal war es der Komponist selber, der die *Suite op. 71a* verfaßte. Diese wird virtuos von Karajan und den Berliner Philharmonikern gespielt (DG 139 030); auf der Rückseite hat man die *Streicherserenade op. 48*.

4. DIE KONZERTE. Von den drei *Klavierkonzerten* stehen zwei Gesamtaufnahmen zur Wahl: die etwas uninteressanten Aufnahmen von Gilels und Maazel mit dem New Philharmonia Orchestra (Euro M 87240) und die ausgezeichneten Interpretationen von Ponti und Froment mit dem Orchester von Radio Luxemburg (Vox SVBX 5400). Doch wird man auch solche hervorragenden Einspielungen, vor allem von dem *Ersten Klavierkonzert*, haben wollen, wie die von Richter/Karajan (DG 138 822), Horowitz/Toscanini (RCA AT 113, «historische» Aufnahme), Arrau/Galliera (Elec SHZE 161) und Rubinstein/Leinsdorf (RCA RK 11513). Auch beim *Violinkonzert* hat man die Qual der Wahl, denn es gibt fast keinen Violinvirtuosen, der sich nicht mit diesem Werk gezeigt hat. Heifetz/Reiner (RCA RK 11503) Superb!; Milstein/Abbado (DG 25 30 359) Herrlich!; Grumiaux/Haitink (Philips LY 835 055) Fabelhaft!; David Oistrach/Konwitschny (Heliodor 89 688) Sehr schön!; Igor Oistrach/Ormandy (CBS 72 064) Hinreißend!

5. SOLOINSTRUMENT MIT ORCHESTER. Zum Glück ist die Aufnahme der *Fantasie für Klavier und Orchester* von Ponti/Kapp (Vox SVBX 5460) eine sehr gute, denn sie ist die einzige. In den *Variationen über ein Rokoko-Thema op. 33* geben Rostropowitch und Karajan mit den Berliner Philharmonikern eine unübertreffliche Interpretation.

6. KAMMERMUSIK. In Tschaikowskys Œuvre spielt die Kammermusik keine bedeutende Rolle, doch hat er in dieser Gattung manch Schönes geschrie-

ben. Ein Satz – das Andante Cantabile des *Ersten Streichquartetts* – ist mit Recht universell beliebt, denn diese schlichte Vertonung eines kleinrussischen Volksliedes ist in ihrer Art einmalig. Man hört sie sehr schön gespielt von dem Kopenhagener Streichquartett (Vox 41016) in einem Album, das alle drei *Quartette* sowie das späte Streichsextett *Souvenir de Florence op. 71* enthält. Älteren Datums, doch überzeugender, weil musikalisch intensiver, sind die Interpretationen der drei *Quartette* durch das fabelhafte Borodin-Quartett. Vor allem kommt die tiefgründige Bedeutung des *3. Quartetts* in dieser Aufführung klarer zum Ausdruck. Im *Trio für Piano, Violine und Violoncello* merkt man, daß es zum Gedenken Nikolaj Rubinsteins komponiert wurde; die Klavierpartie ist dominierend. Das lange Werk ist nicht ganz überzeugend; vielleicht wäre es als Klavierkonzert gelungener. Das Kogan-Trio gibt es hervorragend wieder (Euro XK 85 176); ebenfalls das Beaux Arts Trio (Philips 6500 132).

7. KLAVIERMUSIK. Tschaikowskys ganze Soloklaviermusik liegt in ausgezeichneten Einspielungen von Michael Ponti vor (VXDS 109: Album mit 7 Langspielplatten). An Hand dieser Klavierstücke, die von Tschaikowskys erster bis zur letzten Schaffensperiode reichen, kann man die Entwicklung seines Stils (allerdings weniger auffallend als bei manch anderem Komponisten) verfolgen. Ebenfalls kann man sich davon überzeugen, daß sein Klavierwerk im großen und ganzen besser ist als sein Ruf. Schließlich ist es nicht Tschaikowskys Schuld, daß einige dieser Stücke zu Schlagern verwendet worden sind, auch nicht, daß abgeschmackte Arrangements gemacht wurden. Merkwürdig ist der klare Einfluß des Lisztschen Klavierstils in den Frühwerken (z. B. *Ruines d'un château, op. 2 Nr. 1*) – zu einem Zeitpunkt, in dem Tschaikowsky Liszt zu verschmähen glaubte. Aber auch Chopin und Mendelssohn sind in den ersten Œuvres (und auch später) zu vernehmen. Doch schon in den *Sechs Stücke op. 19* (1873) ist die Handschrift Tschaikowskys deutlich erkennbar – nicht zuletzt durch die eindeutige russische Stimmung. Die große *Sonate op. 37* (1878) ist bestenfalls interessant als des reifen Tschaikowskys einziger Versuch in dieser Form; hier ist viel Bombast und auch Leerlauf, und das Formproblem bleibt ungelöst. Gewissermaßen ist die Jugendsonate (postum als op. 80 erschienen) dank ihrer Frische und ihrer poetischen Atmosphäre interessanter.

8. OPERN. Wer mittels Schallplatten einen Überblick über Tschaikowskys Opernschaffen gewinnen will, muß enttäuscht werden, denn nur zwei Werke in dieser Gattung, die Tschaikowsky weit mehr als jede andere beschäftigte, sind im Katalog. Selbstverständlich sind es die zwei erfolgreichsten und besten: *Eugen Onegin* und *Pique Dame* – letztere nur in einem «großen Querschnitt». Die *Onegin*-Gesamtaufnahme des Bolschoi-Theaters unter M. Rostropowitch kann sehr empfohlen werden; sie fängt die besondere Atmosphäre dieser wunderbaren Oper ein (Eurodisc 80 873 XR). Der Querschnitt aus *Pique Dame*, ebenfalls vom Bolschoi-Theater unter Khaikin, ist von ausgezeichneter Qualität und vermittelt einen Eindruck des wichtigen Werkes (Auslese 80 550 ZR). Der Querschnitt ist einer Gesamtaufnahme entnommen, die jedoch im Katalog nicht angezeigt ist.

9. LIEDER. Um diese Gattung, die Tschaikowsky immer pflegte, und die reizende Stücke enthält, ist es schlecht bestellt. Nur ein Bruchteil des Liederschaffens ist im Katalog angeführt. Der ausgezeichnete Nicolai Ghiaurov singt sechs Nummern, die mit Liedern anderer russischer Komponisten gekoppelt sind (Decca SXL 6530); auch Nicolai Gedda steuert ein paar Lieder Tschaikowskys in Sammelprogrammen bei. Es ist viel zu wenig.

NAMENREGISTER

Die kursiv gesetzten Zahlen bezeichnen die Abbildungen

ÜBER DEN AUTOR

Everett Helm, geb. 1913 in Minneapolis (Minnesota). Studium an der Harvard University, Promotion als Musikwissenschaftler. 1936 bis 1938 Reisestipendium nach Europa. Einige Jahre lang Dozent an amerikanischen Lehranstalten. 1944 bis 1946 in Lateinamerika, dann in New York. Seit 1950 in Europa als Komponist, Journalist und Dozent tätig. Musikkritiker führender Zeitungen. 1966 bis 1969 Gastdozent an der Universität von Ljubljana. Wohnt seit 1963 in Asolo bei Venedig. Seine eigenen Kompositionen wurden in Nordamerika, Südamerika und Europa aufgeführt. Für «rowohlts monographien» schrieb Helm über Béla Bartók (Nr. 107) und Franz Liszt (Nr. 185).

QUELLENNACHWEIS DER ABBILDUNGEN

Tschaikowsky-Studio, Hamburg: 6, 20, 28, 33, 41, 89, 101, 122 / Gesellschaft der Musikfreunde, Wien: 16 / Aus: Les Musiciens Cèlébres, Genf–Paris 1948: 53, 106, 125 oben, 127 / Keystone: 99, 105 / Rowohlt Archiv: 102, 126 / Archiv für Kunst und Geschichte, Berlin: 120/121, 129 / Alle übrigen Bildvorlagen stellte der Autor zur Verfügung.

rowohlts monographien

IN SELBSTZEUGNISSEN
UND BILDDOKUMENTEN
HERAUSGEGEBEN
VON KURT KUSENBERG

LITERATUR

BALZAC / Gaëtan Picon [30]
BAUDELAIRE / Pascal Pia [7]
BECKETT / Klaus Birkenhauer [176]
BENN / Walter Lennig [71]
BORCHERT / Peter Rühmkorf [58]
BRECHT / Marianne Kesting [37]
BÜCHNER / Ernst Johann [18]
WILHELM BUSCH / Joseph Kraus [163]
CAMUS / Morvan Lebesque [50]
CLAUDIUS / Peter Berglar [192]
DANTE / Kurt Leonhard [167]
DOSTOJEVSKIJ / Janko Lavrin [88]
DROSTE-HÜLSHOFF / Peter Berglar [130]
EICHENDORFF / Paul Stöcklein [84]
FALLADA / Jürgen Manthey [78]
FONTANE / Helmuth Nürnberger [145]
STEFAN GEORGE / Franz Schonauer [44]
GIDE / Claude Martin [89]
GOETHE / Peter Boerner [100]
BRÜDER GRIMM / Hermann Gerstner [201]
HAMSUN / Martin Beheim-Schwarzbach [3]
HAUPTMANN / Kurt Lothar Tank [27]
HEBEL / Uli Däster [195]
HEINE / Ludwig Marcuse [41]
HEMINGWAY / G.-A. Astre [73]
HESSE / Bernhard Zeller [85]
HÖLDERLIN / Ulrich Häussermann [53]
E. T. A. HOFFMANN / Gabriele Wittkop-Menardeau [113]
HOFMANNSTHAL / Werner Volke [127]
HORVÁTH / Dieter Hildebrandt [231]
IONESCO / François Bondy [223]
JOYCE / Jean Paris [40]
KAFKA / Klaus Wagenbach [91]
ERICH KÄSTNER / Luiselotte Enderle [120]
KELLER / Bernd Breitenbruch [136]
KLEIST / Curt Hohoff [1]
KARL KRAUS / Paul Schick [111]
LESSING / Wolfgang Drews [75]
JACK LONDON / Thomas Ayck [244]
MAJAKOWSKI / Hugo Huppert [102]
HEINRICH MANN / Klaus Schröter [125]
THOMAS MANN / Klaus Schröter [93]
MARK TWAIN / Thomas Ayck [211]
C. F. MEYER / David A. Jackson [238]
HENRY MILLER / Walter Schmiele [61]
MOLIÈRE / Friedrich Hartau [245]
MORGENSTERN / Martin Beheim-Schwarzbach [97]
MÖRIKE / Hans Egon Holthusen [175]
ROBERT MUSIL / Wilfried Berghahn [81]
NESTROY / Otto Basil [132]

E/XII–77

NOVALIS / Gerhard Schulz [154]
POE / Walter Lennig [32]
PROUST / Claude Mauriac [15]
RAABE / Hans Oppermann [165]
RILKE / Hans Egon Holthusen [22]
ERNST ROWOHLT / Paul Mayer [139]
SAINT-EXUPÉRY / Luc Estang [4]
SARTRE / Walter Biemel [87]
SCHILLER / Friedrich Burschell [14]
F. SCHLEGEL / Ernst Behler [123]
SCHNITZLER / Hartmut Scheible [235]
SHAKESPEARE / Jean Paris [2]
G. B. SHAW / Hermann Stresau [59]
SOLSCHENIZYN / R. Neumann-Hoditz [210]
STIFTER / Urban Roedl [86]
STORM / Hartmut Vinçon [186]
SWIFT / Justus Franz Wittkop [242]
DYLAN THOMAS / Bill Read [143]
LEV TOLSTOJ / Janko Lavrin [57]
TRAKL / Otto Basil [106]
TUCHOLSKY / Klaus-Peter Schulz [31]
WALTHER VON DER VOGELWEIDE / Hans-Uwe Rump [209]
WEDEKIND / Günter Seehaus [213]
OSCAR WILDE / Peter Funke [148]
CARL ZUCKMAYER / Thomas Ayck [256]

PHILOSOPHIE

ERNST BLOCH / Silvia Markun [258]
ENGELS / Helmut Hirsch [142]
ERASMUS VON ROTTERDAM / Anton J. Gail [214]
GANDHI / Heimo Rau [172]
HEGEL / Franz Wiedmann [110]
HEIDEGGER / Walter Biemel [200]
HERDER / Friedr. W. Kantzenbach [164]
HORKHEIMER / Helmut Gumnior u. Rudolf Ringguth [208]
JASPERS / Hans Saner [169]
KANT / Uwe Schultz [101]
KIERKEGAARD / Peter P. Rohde [28]
LEIBNIZ / F. Richard Cowell [249]
GEORG LUKÁCS / Fritz J. Raddatz [193]
MARX / Werner Blumenberg [76]
NIETZSCHE / Ivo Frenzel [115]
PASCAL / Albert Béguin [26]
PLATON / Gottfried Martin [150]
KARL POPPER / Helmut Gumnior [255]
ROUSSEAU / Georg Holmsten [191]
SCHLEIERMACHER / Friedrich Wilhelm Kantzenbach [126]
SCHOPENHAUER / Walter Abendroth [133]
SOKRATES / Gottfried Martin [128]
SPINOZA / Theun de Vries [171]
RUDOLF STEINER / J. Hemleben [79]
VOLTAIRE / Georg Holmsten [173]
MAX WEBER / Horst Baier [216]

RELIGION

SRI AUROBINDO / Otto Wolff [121]
JAKOB BÖHME / Gerhard Wehr [179]
BONHOEFFER / Eberhard Bethge [236]
MARTIN BUBER / Gerhard Wehr [147]
BUDDHA / Maurice Percheron [12]
EVANGELIST JOHANNES / Johannes Hemleben [194]
FRANZ VON ASSISI / Ivan Gobry [16]
JESUS / David Flusser [140]
LUTHER / Hanns Lilje [98]
MÜNTZER / Gerhard Wehr [188]
PAULUS / Claude Tresmontant [23]
RAMAKRISCHNA / Solange Lemaître [60]
TEILHARD DE CHARDIN / Johannes Hemleben [116]

GESCHICHTE

ADENAUER / Gösta von Uexküll [234]
ALEXANDER DER GROSSE / Gerhard Wirth [203]
BAKUNIN / Justus Franz Wittkop [218]
BEBEL / Helmut Hirsch [196]
BISMARCK / Wilhelm Mommsen [122]
WILLY BRANDT / Carola Stern [232]
CAESAR / Hans Oppermann [135]
CHURCHILL / Sebastian Haffner [129]
FRIEDRICH II. / Georg Holmsten [159]
FRIEDRICH II. VON HOHENSTAUFEN / Herbert Nette [222]
CHE GUEVARA / Elmar May [207]
GUTENBERG / Helmut Presser [134]
HO TSCHI MINH / Reinhold Neumann-Hoditz [182]
W. VON HUMBOLDT / Peter Berglar [161]
JEANNE D'ARC / Herbert Nette [253]
KARL DER GROSSE / Wolfgang Braunfels [187]
LASSALLE / Gösta v. Uexküll [212]

LENIN / Hermann Weber [168]
LUXEMBURG / Helmut Hirsch [158]
MAO TSE-TUNG / Tilemann Grimm [141]
METTERNICH / Friedrich Hartau [250]
NAPOLEON / André Maurois [112]
RATHENAU / Harry Wilde [180]
SCHUMACHER / H. G. Ritzel [184]
STALIN / Maximilien Rubel [224]
FREIHERR VOM STEIN / Georg Holmsten [227]
THÄLMANN / Hannes Heer [230]
TITO / Gottfried Prunkl u. Axel Rühle [199]
TROTZKI / Harry Wilde [157]

PÄDAGOGIK

PESTALOZZI / Max Liedtke [138]

NATURWISSENSCHAFT

DARWIN / Johannes Hemleben [137]
EINSTEIN / Johannes Wickert [162]
GALILEI / Johannes Hemleben [156]
OTTO HAHN / Ernst H. Berninger [204]
HEISENBERG / Armin Hermann [240]
A. VON HUMBOLDT / Adolf Meyer-Abich [131]
KEPLER / Johannes Hemleben [183]
MAX PLANCK / Armin Hermann [198]

MEDIZIN

ALFRED ADLER / Josef Rattner [189]
FREUD / Octave Mannoni [178]
C. G. JUNG / Gerhard Wehr [152]
PARACELSUS / Ernst Kaiser [149]

KUNST

HIERONYMUS BOSCH / Heinrich Goertz [237]
CÉZANNE / Kurt Leonhard [114]
DÜRER / Franz Winzinger [177]
CASPAR DAVID FRIEDRICH / Gertrud Fiege [256]
VAN GOGH / Herbert Frank [239]
GEORGE GROSZ / Lothar Fischer [241]
JOHN HARTFIELD / Michael Töteberg [257]
KLEE / Carola Giedion-Welcker [52]
LE CORBUSIER / Norbert Huse [248]
LEONARDO DA VINCI / Kenneth Clark [153]
MICHELANGELO / Heinrich Koch [124]
PICASSO / Wilfried Wiegand [205]
REMBRANDT / Christian Tümpel [251]

MUSIK

BACH / Luc-André Marcel [83]
BARTÓK / Everett Helm [107]
BEETHOVEN / F. Zobeley [103]
ALBAN BERG / Volker Scherliess [225]
HECTOR BERLIOZ / Wolfgang Dömling [254]
BRAHMS / Hans A. Neunzig [197]
BRUCKNER / Karl Grebe [190]
CHOPIN / Camille Bourniquel [25]
DVOŘÁK / Kurt Honolka [220]
HÄNDEL / Richard Friedenthal [36]
HAYDN / Pierre Barbaud [49]
LISZT / Everett Helm [185]
MAHLER / Wolfgang Schreiber [181]
MENDELSSOHN BARTHOLDY / Hans Christoph Worbs [215]
MOZART / Aloys Greither [77]
MUSSORGSKY / Hans C. Worbs [247]
OFFENBACH / Walter Jacob [155]
REGER / Helmut Wirth [206]
SCHÖNBERG / Eberhard Freitag [202]
SCHUBERT / Marcel Schneider [19]
SCHUMANN / André Boucourechliev [6]
R. STRAUSS / Walter Deppisch [146]
TELEMANN / Karl Grebe [170]
TSCHAIKOWSKY / Everett Helm [243]
VERDI / Hans Kühner [64]
WAGNER / Hans Mayer [29]
WEBERN / Hanspeter Krellmann [229]

THEATER / FILM

CHAPLIN / Wolfram Tichy [219]
EISENSTEIN / Eckhard Weise [233]
PISCATOR / Heinrich Goertz [221]
MAX REINHARDT / Leonhard M. Fiedler [228]

Literaturwissenschaft

Rosario Assunto, Theorie der Literatur bei Schriftstellern des 20. Jahrhunderts [372]

Hans Eggers, Deutsche Sprachgeschichte I: Das Althochdeutsche [185] – II: Das Mittelhochdeutsche [191] – III: Das Frühneuhochdeutsche [270]

Hugo Friedrich, Die Struktur der modernen Lyrik / Von der Mitte des neunzehnten bis zur Mitte des zwanzigsten Jahrhunderts. Erweiterte Neuausgabe [25]

Werner Kraus, Grundprobleme der Literaturwissenschaft [290]

Georg Lukács, Ausgewählte Schriften II: Faust und Faustus / Vom Drama der Menschengattung zur Tragödie der modernen Kunst [285] – III: Russische Literatur – Russische Revolution. Puschkin, Tolstoi, Dostojewskij, Fadejew, Makarenko, Scholochow, Solschenizyn [314]

Rudolf Pfeiffer, Geschichte der klassischen Philologie / Von den Anfängen bis zum Ende des Hellenismus [344]

Jean-Paul Sartre, Was ist Literatur? [65]

Günther Schiwy, Der französische Strukturalismus. Mode – Methode – Ideologie [310]

Mario Wandruszka, Der Geist der französischen Sprache [85]

Friedrich-W. und Erika Wentzlaff-Eggebert, Deutsche Literatur im späten Mittelalter 1250–1450 / Mit Lesestücken. Band I: Rittertum – Bürgertum [350] – Band II: Kirche [353] – Band III: Neue Sprache aus neuer Welterfahrung [356]

Benjamin Lee Whorf, Sprache – Denken – Wirklichkeit / Beiträge zur Metalinguistik und Sprachphilosophie [174]

Gerda Zeltner-Neukomm, Das Wagnis des französischen Gegenwartsromans. Die neue Welterfahrung in der Literatur. Butor, Robbe-Grillet, Sarraute, Beckett, Queneau, Camus, Malraux, Sartre [109]

86/17

Italienische Literatur und Philosophie

Goldoni, Carlo
Herren im Haus / Viel Lärm in Chiozza. Zwei Komödien [132]

Englische Literatur

William Shakespeare
Romeo und Julia
englisch-deutsch
[298 – Mai 1977]
Hamlet
englisch-deutsch
[299 – Juni 1977]
Richard III.
englisch-deutsch
[300 – September 1977]
Julius Caesar
englisch-deutsch
[301 – Oktober 1977]

Östliche Literatur und Philosophie

Aurobindo, Sri
Der integrale Yoga [24]

Römische Literatur

Caesar, C. Julius
Der Gallische Krieg [175]
Cicero
Über die Gesetze [239]
Sallust
Die Verschwörung des Catilina / Lateinisch und Deutsch [165]

Spanische Literatur

Gracian Baltasar
Criticón oder Über die allgemeinen Laster des Menschen [2]

Philosophie des Humanismus und der Renaissance

Der utopische Staat
Thomas Morus, Utopia / **Tommaso Campanella,** Sonnenstaat / **Francis Bacon,** Neu-Atlantis / Herausgegeben von Klaus J. Heinisch [68]

Philosophie der Neuzeit

Marx, Karl
Texte zu Methode und Praxis II: Pariser Manuskripte 1844 [209]

Texte des Sozialismus und Anarchismus

Luxemburg, Rosa
Schriften zur Theorie der Spontaneität. Hg.: Susanne Hillmann [249]
